Andrea Rudolf

Biokraftstoff und Ernährungssicherheit

Die Auswirkungen der EU-Politik auf die Nahrungsmittelproduktion am Beispiel Brasilien

AN INTERDISCIPLINARY SERIES
OF THE CENTRE FOR INTERCULTURAL AND EUROPEAN STUDIES

INTERDISZIPLINÄRE SCHRIFTENREIHE
DES CENTRUMS FÜR INTERKULTURELLE UND EUROPÄISCHE STUDIEN

CINTEUS ▪ Fulda University of Applied Sciences ▪ Hochschule Fulda

ISSN 1865-2255

3 *Pia Tamke*
Die Europäisierung des deutschen Apothekenrechts
Europarechtliche Notwendigkeit und nationalrechtliche Vertretbarkeit einer Liberalisierung
ISBN 978-3-89821-964-8

4 *Stamatia Devetzi und Hans-Wolfgang Platzer (Hrsg.)*
Offene Methode der Koordinierung und Europäisches Sozialmodell
Interdisziplinäre Perspektiven
ISBN 978-3-89821-994-5

5 *Andrea Rudolf*
Biokraftstoffpolitik und Ernährungssicherheit
Die Auswirkungen der EU-Politik auf die Nahrungsmittelproduktion am Beispiel Brasilien
ISBN 978-3-8382-0099-6

6 *Gudrun Hentges / Justyna Staszczak*
Geduldet, nicht erwünscht
Auswirkungen der Bleiberechtsregelung auf die Lebenssituation geduldeter Flüchtlinge in Deutschland
ISBN 978-3-8382-0080-4

Fachbereich Sozial- und Kulturwissenschaften
Hochschule Fulda University of Applied Sciences
Marquardstraße 35
D-36039 Fulda

cinteus@sk.hs-fulda.de
www.cinteus.eu

Andrea Rudolf

BIOKRAFTSTOFF UND ERNÄHRUNGSSICHERHEIT

Die Auswirkungen der EU-Politik auf die Nahrungsmittelproduktion am Beispiel Brasilien

ibidem-Verlag
Stuttgart

Bibliografische Information der Deutschen Nationalbibliothek
Die Deutsche Nationalbibliothek verzeichnet diese Publikation in der Deutschen Nationalbibliografie; detaillierte bibliografische Daten sind im Internet über http://dnb.d-nb.de abrufbar.

Bibliographic information published by the Deutsche Nationalbibliothek
Die Deutsche Nationalbibliothek lists this publication in the Deutsche Nationalbibliografie; detailed bibliographic data are available in the Internet at http://dnb.d-nb.de.

∞

Gedruckt auf alterungsbeständigem, säurefreien Papier
Printed on acid-free paper

ISSN: 1865-2255

ISBN-10: 3-8382-0099-3
ISBN-13: 978-3-8382-0099-6

Printed in Germany

Editorial

This series is intended as a publication panel of the Centre of Intercultural and European Studies (CINTEUS) at Fulda University of Applied Sciences. The series aims at making research results, anthologies, conference readers, study books and selected qualification theses accessible to the general public. It comprises of scientific and interdisciplinary works on inter- and transculturality; the European Union from an interior and a global perspective; and problems of social welfare and social law in Europe. Each of these are fields of research and teaching in the Social- and Cultural Studies Faculty at Fulda University of Applied Sciences and its Centre for Intercultural and European Studies. We also invite contributions from outside the faculty that share and enrich our research.

Gudrun Hentges, Volker Hinnenkamp, Anne Honer & Hans-Wolfgang Platzer

Editorial

Die Buchreihe versteht sich als Publikationsforum des Centrums für interkulturelle und europäische Studien (CINTEUS) der Hochschule Fulda. Ziel der CINTEUS-Reihe ist es, Forschungsergebnisse, Anthologien, Kongressreader, Studienbücher und ausgewählte Qualifikationsarbeiten einer interessierten Öffentlichkeit zugänglich zu machen. Die Reihe umfasst fachwissenschaftliche und interdisziplinäre Arbeiten aus den Bereichen Inter- und Transkulturalität, Europäische Union aus Binnen- und globaler Perspektive sowie wohlfahrtsstaatliche und sozialrechtliche Probleme Europas. All dies sind Fachgebiete, die im Fachbereich Sozial- und Kulturwissenschaften der Hochschule Fulda University of Applied Sciences und dem angegliederten Centrum für interkulturelle und Europastudien gelehrt und erforscht werden. Ausdrücklich eingeladen an der Publikationsreihe mitzuwirken sind auch solche Studien, die nicht 'im Hause' entstanden sind, aber CINTEUS-Schwerpunkte berühren und bereichern.

Gudrun Hentges, Volker Hinnenkamp, Anne Honer & Hans-Wolfgang Platzer

Vorwort

Die konkurrierenden Entwicklungen um die Verwertung von Nahrungsmittelpflanzen entweder zur Lebensmittelproduktion oder zur Herstellung von Biokraftstoffen haben massiv an Bedeutung gewonnen. Zunehmende ökonomische Rentabilität im Vergleich und zur Perspektive des Mineralölmarktes, Verminderung der Abhängigkeiten zu den Erdöl fördernden Ländern sowie die Reduzierung der CO_2-Emissionen haben die Diskussion beflügelt und die Erzeugung von Biokraftstoffen aus landwirtschaftlicher Erzeugung forciert.

Inzwischen wird das Thema unter verschiedenen Vorzeichen differenzierter, aber auch kontroverser diskutiert und bewertet. Die Konkurrenz um die Nutzung von Agrarflächen, die global ohnehin für die Ernährung der Weltbevölkerung knapp sind, hat gerade in Anbetracht wieder stärker zunehmender Welternährungsprobleme an Bedeutung gewonnen. Auch hinsichtlich der Bilanzierung der ökologischen Folgen, u.a. hinsichtlich der Biodiversität und einer nachhaltigen Perspektive sind begründete Zweifel und Vorbehalte deutlich geworden.

Die Bewertungen und Abwägungen hinsichtlich einer Forcierung oder Eindämmung der Erzeugung von Biokraftstoffen sind schwierig, länder- und regionalspezifisch auch im Verhältnis zur Nahrungsmittelproduktion und nicht immer eindeutig in der Bewertung. Die Voraussetzungen und Bedingungen, die Flächenverhältnisse und Größenordnungen der Landnutzung, die Pflanzenarten, Nutzungsformen und Methoden der Erzeugung sowie der unterschiedlichen Produkte sind wichtige Faktoren, besonders in der Abwägung zu den Prioritäten produzierender Länder und zur globalen Ernährungssicherheit.

Diesem komplexen Thema mit großer aktueller Bedeutung hat sich Andrea Rudolf in ihrer Studie angenommen. Sie legt den Schwerpunkt ihrer Untersuchung auf die EU-Biokraftstoffpolitik, ihre Beimischungsziele, Ansprüche und Auswirkungen mit Bezug zu Handel und bilateralen Vereinbarungen mit Brasilien, dem derzeit bedeutendsten Erzeuger von Biokraftstoffen (Ethanol). Sie analysiert die wichtigsten Problemfelder der Beziehungen zwischen EU und Brasilien, insbesondere die Folgen und Perspektiven für die Nahrungsmittelproduktion und die ökologischen Ansprüche, sowohl der EU als auch Brasiliens.

Die vorliegende Studie analysiert ein außerordentlich aktuelles und in der Perspektive bedeutungsvolles europäisches Politikfeld mit globalen Dimensionen. Es wird u.a. deutlich, dass die grundlegenden Widersprüche in dieser Thematik, eingebunden in ein gesichertes Nachhaltigkeitskonzept, durchaus auch akzeptable, ja partiell oder regional auch wegweisende Ansätze sein können. So kommt Andrea Rudolf auch in der umfangreichen Auswertung von Literatur, Materialien, Dokumenten zu sehr aufschlussreichen Ergebnissen, insbesondere hinsichtlich der Ausgestaltung und Bedeutung der europäisch-brasilianischen Perspektiven.

Eine vergleichbare Untersuchung liegt bisher nicht vor. Die Veröffentlichung leistet einen wichtigen Forschungsbeitrag zu diesem Themenfeld und ist geeignet, diese Diskussion zu forcieren und das wissenschaftliche Arbeitsgebiet zu inspirieren.

Die Autorin hat sich intensiv und mit großem Engagement in die Thematik vertieft und eine ausgezeichnete Bachelor-Arbeit im *Studiengang Sozialwissenschaften mit dem Schwerpunkt interkulturelle Beziehungen* am Fachbereich Sozial- und Kulturwissenschaften der Hochschule Fulda vorgelegt, die mit Ergänzungen nun in dieser Form publiziert wird. Als Ergebnis einer in engem zeitlichem Rahmen zu verfassenden Bachelor-Arbeit ist eine solche wissenschaftliche Studie besonders hervorzuheben, auch zur großen Freude des Betreuers. Sie ist eine herausragende wissenschaftliche Leistung der Autorin und belegt ihre ausgeprägten analytischen Fähigkeiten.

Der Publikation wünsche ich eine gute Verbreitung und positive Resonanz. Möge sie ein weiterer Anstoß für den Diskurs und für kritische Abwägungen in dieser Thematik sein.

Prof. Dr. Erich Ott

Inhaltsverzeichnis

Abbildungsverzeichnis

Tabellenverzeichnis

Abkürzungsverzeichnis

BIP	Bruttoinlandsprodukt
BMELV	Bundesministerium für Ernährung, Landwirtschaft und Verbraucherschutz
BMU	Bundesministerium für Umwelt, Naturschutz und Reaktorsicherheit
BMZ	Bundesministerium für wirtschaftliche Zusammenarbeit und Entwicklung
CONAB	Companhia Nacional de Abastecimento – Brasilianische Gesellschaft für Versorgung
EBB	European Biodiesl Board – Verband der europäischen Biodieselhersteller
eBio	Verband der EU-Ethanolerzeuger
EU	Europäische Union
FAO	Food and Agriculture Organization of the Unites Nations – Ernährungs- und Landwirtschaftsorganisation
FAPRI	Food and Agricultural Policy Research Institute
FBOMS	brasilianisches Forum der Nichtregierungsorganisationen und sozialen Bewegungen
FNR	Fachagentur Nachwachsende Rohstoffe
GAP	Gemeinsame Agrarpolitik der Europäischen Union
GATT	General Agreement of Tariffs and Trade – Allgemeines Zoll- und Handelsabkommen
GTZ	Gesellschaft für Technische Zusammenarbeit
IBGE	Instituto Brasileiro de Geografia e Estatística – Brasilianisches Statistikamt
IEA	International Energy Agency – Internationale Energieagentur
IFAD	International Fund for Agricultural Development – Internationaler Fond für landwirtschaftliche Entwicklung
IFPRI	International Food and Policy Research Institute – Internationales Institut für Ernährungspolitik
INPE	Instituto de Pesquisas Espaciais – Institut für Raumstudien
IRENA	International Renewable Energy Agency
ISO	International Sugar Organization – Internationale Zuckerorganisation
LIFDC	Low Income Food Deficit Countries – Niedrigeinkommensländer mit Nahrungsmitteldefiziten
MAPA	Minestério da Agricultura, Pecuária e Abastecimento- Ministerium für Landwirtschaft und Versorgung
MDA	Ministério de Desenvolvimento Agrário – Ministeriums für Agrarentwicklung
MDGs	Millennium Development Goals – UN Millenniums Entwicklungsziele
MERCOSUL	Mercado Comun do Sul – Gemeinsamer Markt der Südens

OECD	Organisation for Economic Co-operation and Development – Organisation für wirtschaftliche Zusammenarbeit und Entwicklung
PNPB	Programa Nacional de Produção e Uso de Biodiesel – Programm zur Produktion und Nutzung von Biodiesel
Proálcool	Programa Nacional do Álcool – Bioethanolprogramm der brasilianischen Regierung
REN21	Renewable Energy Policy Network for the 21st Century – Netzwerk für erneuerbare Energien des 21. Jahrhunderts
RFTO	Renewable Transport Fuel Obligation – Nachhaltigkeitskriterien für Biokraftstoffe in England
UNDP	United Nations Development Programme – Entwicklungsprogramm der Vereinten Nationen
UNO	United Nations Organization – Vereinte Nationen
WEP	Welternährungsprogramm
WGBU	Wissenschaftlicher Beirat Globale Umweltveränderung der Bundesregierung
WTO	World Trade Organization – Welthandelsorganisation

1. Einleitung

Die Produktion und die Verwendung von Biokraftstoffen als Substitut für fossile Kraftstoffe hat in den letzten Jahren stark zugenommen (Henke, 2005: 4). In Anbetracht des Klimawandels und steigender Ölpreise scheinen Biokraftstoffe eine ökologische Alternative zu fossilen Kraftstoffen darzustellen. Dementsprechend wird die Förderung und Vermarktung von Biokraftstoffen in der Politik weltweit von immer mehr Ländern vorangetrieben.

Gründe für die vermehrte Förderung finden sich im Agrar-, Energie- und Klimasektor. Allen voran wollen die Mitgliedsstaaten der EU ihren Anteil von Biokraftstoffen im Verkehrssektor deutlich ausbauen, da sie im Moment noch zu 98% von fossilen Brennstoffen abhängig sind.

Die Vor- und Nachteile von Biokraftstoffen werden in Politik, Wirtschaft, Forschung, Industrie und in der Zivilgesellschaft kontrovers diskutiert (Weitz, 2007: 1). Auf der einen Seite führen die Verfechter von Biokraftstoffen sie als hilfreiches Mittel an, um Treibhausgasemissionen zu reduzieren, den Klimawandel zu verlangsamen sowie die Abhängigkeit von hohen Ölpreisen zu bekämpfen. Auch gewaltsame Konflikte um die zur Neige gehenden fossilen Rohstoffe könnten entschärft werden. Aus sozioökonomischer Sicht werden insbesondere die verbesserte nationale Versorgungssicherheit, das Beschäftigungspotential und die perspektivische Erschließung neuer Einnahmequellen in der Landwirtschaft angeführt.

Auf der anderen Seite standen Biokraftstoffe in letzter Zeit immer häufiger wegen sozialer und ökologischer Aspekte in der Diskussion. Kritiker führen an, dass eine Ausweitung der Produktion von Biokraftstoffen sich negativ auf die Umwelt auswirke, zu einem Verlust von Biodiversität führe sowie Lebensmittel- und Wasserknappheit hervorrufe. Desweiteren mehren sich die Zweifel an der CO_2-Bilanz von Biokraftstoffen (Janssen, 2008: 1).

Die Ernährungssicherheit in Verbindung mit dem Ausbau der Biokraftstoffherstellung ist insbesondre im letzten Jahr in den Fokus gerückt. Die Flächenkonkurrenz zwischen Nahrungsmittel-, Futtermittel- und Treibstoffpflanzen stellte während der Nahrungsmittelkrise und den damit einhergehenden Preissteigerungen Millionen von Menschen vor den Existenzkampf um ihre Grundnahrungsmittel. Studien der Weltbank (Mitchell, 2008) und des OECD (OECD, 2008) machen die Herstellung von Biokraftstoffen aus Grundnahrungsmitteln wie Mais, Getreide, Zuckerrohr und Soja zu großen Teilen für die weltweiten Steigerungen von Lebensmittelpreisen verantwortlich. Im Zuge dieser Entwicklungen kam es in mehr als 40 Ländern weltweit zu Protesten und Hungerrevolten. Es ist gerade einmal ein Jahr her, dass hungrige und wütende Menschen in Haiti oder Mexico auf die Straße gingen, um für ihr Recht auf Nahrung zu protestieren. Die Nahrungsmittelkrise des Jahres 2008 führte der Welt vor Augen, was sie längst zu vergessen haben schien: Immer noch hungern 950 Millionen Menschen auf der Welt.

Auch in der EU nehmen die Bedenken zu, der Anbau von Energiepflanzen zur Biokraftstoffproduktion könne die Versorgungssicherheit der Bevölkerung mit Nahrungsmitteln beeinträchtigen. Durch diese Prozesse wurde darüber hinaus die enge Koppelung der Rohstoff- an die Ölpreise aufgezeigt, die zuweilen für starke Preisschwankungen und einen volatilen Markt sorgen (Hönicke, 2009: 5).

Besonders im Hinblick auf die im Jahr 2000 vereinbarten Millenniums-Entwicklungsziele[1] der Vereinten Nationen, den Hunger in der Welt bis 2015 zu halbieren, erscheinen diese Zusammenhänge umso gravierender.

Auch wenn Hunger und Unterernährung durch eine Vielzahl von Faktoren bedingt werden, so muss trotzdem festgestellt werden, dass der vermehrte Anbau von Rohstoffen für die Biokraftstoffherstellung die Situation verschärft. Jedoch nicht nur die politisch instabilen Verhältnisse mancher Staaten oder die Interessen und Anreize für Regierungen und Wirtschaft in den Biokraftstoffanbau zu investieren, spielen bei diesen Entwicklungen eine Rolle. Auch die politischen Vorgaben in Bezug auf die Beimischungsziele der westlichen Industrienationen sowie der wichtigsten Schwellenländer leisten einen erheblichen Beitrag dazu (Hönicke, 2009: 5). Den erhöhten Bedarf an Biokraftstoffpflanzen in Einklang mit Umweltschutz und sozialen Standards zu bringen, stellte viele Länder vor große Schwierigkeiten. Der Wettbewerb zwischen Biomasse als Ausgangsstoff für die Biokraftstofferzeugung und dem Anbau von Nahrungsmitteln auf sich verknappenden Anbauflächen spiegelt die beiden zentralen Grundbedürfnisse unserer modernen Gesellschaft wider: Den immer größer werdenden Bedarf an Energie und Nahrung.

---

[1] Die VN formulierten 2000 die Millenniums-Entwicklungsziele, darunter auch die Halbierung des Hungers in der Welt bis 2015. Alle 189 Länder unterzeichneten die Charta.

Die sich gerade entwickelnde Biokraftstoffpolitik der EU umfasst nicht nur komplexe Fragen der Energie-, Klima- und Agrarpolitik, sondern muss auch Verkehrs-, Außenwirtschafts- und Umweltpolitik sowie Entwicklungs- und Sicherheitspolitik berücksichtigen und miteinbeziehen (WGBU, 2008: 10).

In der vorliegenden Studie wird Bezug auf den Aspekt der Ernährungssicherheit in Verbindung mit der gesteigerten Biokraftstoffherstellung genommen. Ferner wird der Frage nachgegangen, welche grundsätzlichen Chancen und Risiken in den Ländern des Nordens wie des Südens mit dem vermehrten Biokraftstoffeinsatz einhergehen (Bräuninger et al., 2009: 4).

Ziel dieser Arbeit ist es, die Auswirkungen der in der EU getroffenen politischen Regelungen auf die Erzeugung von Lebensmitteln in Brasilien zu untersuchen. Brasilien als weltgrößter Biokraftstoffproduzent reagierte auf die wachsende Nachfrage mit erheblichen Produktionsausweitungen. Daher soll die Frage beantwortet werden, inwiefern sich die Erweiterung der Flächen für Biokraftstoffe auf die Nahrungsmittelproduktion und damit auf die Versorgungssicherheit der Bevölkerung auswirkt. Anhand der Entwicklung der Anbauflächen und der Erntemengen soll analysiert werden, ob von einer Verdrängung der Lebensmittelproduktion gesprochen werden kann. Im Folgenden werden zunächst die politischen Vorgaben und Zielsetzungen der Biokraftstoffherstellung, -produktion und -verwendung innerhalb der EU erläutert und bewertet. Dies geschieht insbesondere im Zusammenhang mit dem wachsenden Importbedarf von Biokraftstoffen in die EU. Danach wird exemplarisch an zwei Mitgliedsstaaten der EU, Deutschland und Schweden, der Stand der Umsetzung in Bezug auf Biokraftstoffe beleuchtet. Daran schließt sich die Diskussion um die Nachhaltigkeitsaspekte beim Anbau von Biokraftstoffen an. Den Abschluss des Kapitels bildet die Darstellung der wichtigsten Akteure beim internationalen Handel mit Biokraftstoffen und deren. Im Anschluss wird der Aspekt der Ernährungssicherheit erläutert. Die Ursachen und Folgen der Nahrungsmittelkrise werden dargestellt sowie auf den Kritikpunkt der Flächenkonkurrenz Bezug genommen. Den Abschluss der Arbeit bildet eine Erläuterung über die wirtschaftlichen Verflechtungen der EU und Brasiliens.

2. EU-Biokraftstoffpolitik

In diesem Kapitel erfolgt zunächst eine systematische Aufarbeitung der politischen Intentionen und Zielsetzungen der EU-Biokraftstoffpolitik, da verschiedene Politikfelder ausgehend von unterschiedlichen Ambitionen den Entscheidungsprozess maßgeblich beeinflusst haben. Im Anschluss wird ein Überblick über die politischen Instrumente gegeben, die von der EU zur Förderung von Biokraftstoffen im Verkehrssektor eingeführt worden sind. Danach wird der Stand der Umsetzung in der EU sowie explizit in den Mitgliedsstaaten Deutschland und Schweden kurz erläutert und auf die aktuelle Debatte der Nachhaltigkeit von Biokraftstoffen eingegangen. Den Abschluss dieses Kapitels bildet die Darstellungen des internationalen Handels mit Biokraftstoffen.

Als Biokraftstoffe bezeichnet man im Allgemeinen Energieträger, die aus nachwachsender Biomasse gewonnen werden. Biomasse fällt als holzartige Biomasse[2] in der gewerblichen Nutzung und in Haushalten sowie beim gezielten Anbau von Nutzpflanzen an (Hennicke, 2007: 57). Sie wird in den Bereichen Strom-, Wärme- und Kraftstofferzeugung eingesetzt. Im Verkehrssektor spielen derzeit global gesehen nur drei Arten von Biokraftstoffen eine wesentliche Rolle. Diese sogenannten Biokraftstoffe der ersten Generation umfassen Biodiesel, Bioethanol und reines Pflanzenöl. Sie werden aus Agrarerzeugnissen wie Getreide, Raps, Mais, Zuckerrohr und Sojaöl hergestellt, indem bestimmte Inhaltsstoffe der Pflanze wie Stärke, Zucker oder Öl verwertet werden (Hönicke, 2008: 7).

Der Großteil der weltweiten Biokraftstoffproduktion entfällt auf Bioethanol, hergestellt vornehmlich aus Zuckerrohr und Getreide in Brasilien und den USA. Zuckerrohr ist inzwischen die Ausgangspflanze für mehr als 40% des weltweit hergestellten Ethanolkraftstoffs. Auf Grund ihres hohen Zuckergehaltes und dem damit verbundenen hohen Anteil an verwertbaren Rohstoffen, stellt sie im Moment die kosteneffektivste Option der Ethanolherstellung dar. Die europäische Produktion verwendet Kartoffeln, Weizen oder Zuckerrüben. Obwohl Zuckerrüben weitaus energie- und kostenintensiver in der Verarbeitung sind als Zuckerrohr und damit wirtschaftlich noch nicht rentabel, ist sie derzeit der energieeffektivste Ausgangsstoff in Europa (FNR, 2009: 94). Von

2 Zum Beispiel Rückstände aus Land- und Forstwirtschaft.

den stärkehaltigen Pflanzen ist Mais der meistgenutzte Rohstoff zur Ethanolherstellung. Die Erzeugung von Biokraftstoffen aus stärkehaltigen Pflanzen geht allerdings mit einer intensiveren Landnutzung einher. Da Mais geringere Kraftstofferträge aufweist als Zuckerrohr, muss für die gleiche Menge an Ethanolkraftstoff die doppelte Fläche kultiviert werden (Hönicke, 2009: 8). Einen noch geringeren Ertrag an Ethanol liefern Getreidearten wie Weizen, Roggen oder Gerste.

Biodiesel nimmt bislang nur in Europa eine Vormachtstellung in Herstellung und Verbrauch von Biokraftstoffen ein. Ausgangsprodukt für die Herstellung hierzulande ist hauptsächlich Raps, jedoch kann es auch aus Sonnenblumen, Erdnüssen und Pflanzenölabfällen produziert werden. Energetisch gesehen ist die Ölpalme die attraktivste Rohstoffpflanze für die Biodieselherstellung. Palmöl weist eine sehr hohe Nettoenergiebilanz auf, allerdings wirken sich die Landnutzungsveränderungen negativ auf seine Klimabilanz aus. Die größten Palmölproduzentenländer sind Indonesien und Malaysia, die 80% der weltweiten Produktion auf sich konzentrieren. In Europa wird Palmöl nur beigemischt, da es sich auf Grund seiner schlechten Kaltfließeigenschaften nicht für den Einsatz bei niedrigen Temperaturen eignet (FNR, 2009: 73).

Global betrachtet ist Soja die bedeutendste Ölpflanze. Sie macht 57% der weltweiten Ölsaatenproduktion aus (Hönicke, 2008: 8). Der größte Anteil der globalen Sojaproduktion wird allerdings noch für die Tierfuttermittelproduktion verwendet. Auch wenn bisher nur ein geringer Teil der Sojaproduktion für die Biokraftstoffherstellung verwendet wird, weiten die größten Produzentenländer Brasilien, USA und Argentinien die Produktion von Biodiesel aus Soja stetig aus. Obwohl Sojaöl im Vergleich zu Palmöl einen geringeren Dieselertrag liefert, eignet es sich auf Grund seiner Anpassungsfähigkeit an verschiedene klimatische Bedingungen zum Anbau für die Biokraftstoffherstellung. Ein großer Teil der Biodieselproduktion in Europa wird durch Sojaimporte aus den USA und Brasilien gedeckt (FNR, 2009: 43).

Ebenfalls ein potentiell aussichtsreicher Rohstoff für die Biodieselherstellung ist die Ölpflanze Rizinus. Gegenüber Soja- und Palmöl ist es jedoch nicht konkurrenzfähig, da der Anbau sehr arbeits- und kostenintensiv ist.

Als Biokraftstoffe der zweiten Generation werden aus Zellulose hergestellte Kraftstoffe bezeichnet. Besonders hervorzuheben sind dabei zwei Herstellungsverfahren, die deutliche Vorteile gegenüber den bisherigen Herstellungspfaden aufweisen. Zum einen die Erzeugung von synthetischen Kraftstoffen BtL (Biomass to Liquid) sowie die Erzeugung von Bioethanol aus der Vergärung von holz- und halmartigen Materialien (FES, 2008: 24).

Die Produktion von Bioethanol aus Stroh, Holz, Abfällen oder Reststoffen ermöglicht den Einsatz von landwirtschaftlichen Reststoffen und verringert somit die Flächenkonkurrenz von Nahrungsmittel- und Kraftstoffpflanzen. Allgemein wird Biokraftstoffen der zweiten Generation eine höhere Energieeffizienz zugeschrieben, allerdings befinden sie sich noch in der Testphase und werden vor dem Jahr 2025 nicht kommerziell erhältlich sein.

Im Mittelpunkt energiepolitischer Diskussionen innerhalb der EU stehen gegenwärtig der Klimawandel und die Versorgungsicherheit (Bräuninger et al., 2006: 6). Sowohl in der Zivilgesellschaft als auch in der Politik herrscht Konsens darüber, dass Handlungsbedarf im Verkehrssektor besteht, um auf der einen Seite die Versorgungssicherheit zu verbessern und auf der anderen Seite dem Klimawandel und seinen Folgen entgegenzuwirken. Aus den im April dieses Jahres veröffentlichten statistischen Daten der EU-Kommission geht hervor, dass der Verkehr der Hauptverursacher der europäischen CO_2-Emission ist. Während der Kohlendioxidausstoß in der Industrie, bei den Energieversorgern und bei den privaten Haushalten erheblich minimiert werden konnte, verzeichnete der Straßenverkehr einen Zuwachs von 29% seit 1990 (EEA, 2009).

Besonders im Hinblick auf die beiden energiepolitischen Schwerpunktthemen – die hohe Abhängigkeit von Mineralölprodukten und den erheblichen Anteil des Straßenverkehrs an den CO_2-Emmissionen[3] – stellen Biokraftstoffe zunehmend eine wirtschaftliche und ökologisch vielversprechende Alternative zu fossilen Kraftstoffen im Verkehrssektor dar (Bräuninger et al., 2009: 4).

Weltweit initiieren daher immer mehr Länder breite Fördermaßnahmen für die Produktion und den Gebrauch von Biokraftstoffen.

Obwohl die Produktion von Biokraftstoffen in der EU kontinuierlich zunimmt, erreichte ihr Anteil auf dem Markt, bezogen auf das Jahr 2007, nur einen Wert von 1,2% des gesamten Primärenergieverbrauch (Bräuninger et al.,

[3] Laut EU-Kommission ist der Verkehrssektor zu 90% der EU-weiten Emissionen von CO_2 verantwortlich.

2009: 6). Brasilien ist weltweit das einzige Land, das einen Anteil von über 20% an Biokraftstoffen aufweist. Auf die Gründe dieses hohen Anteils wird in Kapitel 4 der Studie ausführlich eingegangen.

Als Hauptargumente für Biokraftstoffe werden vor allem die Reduktion von Treibhausgasemissionen, die Erhöhung der Energieversorgungssicherheit, die Reduktion der Erdölabhängigkeit, die Förderung des Agrarsektors sowie eine Diversifizierung der Energiequellen genannt (Henke, 2005: 4). Die Produktion und Verwendung der Biotreibstoffe beruht auf unterschiedlichen, länderspezifischen Ausgangssituationen und politischen Rahmenbedingungen. Die Biokraftstoffpolitik der EU wurde maßgeblich von den beiden EU-Richtlinien zur Förderung von Biokraftstoffen[4] und zur Besteuerung von Energieerzeugnissen[5] bestimmt. Auf die Richtlinien wird später im Folgenden ausführlicher eingegangen werden.

2.1 Intentionen und Ziele der EU-Biokraftstoffpolitik

In diesem Kapitel soll ein systematischer Überblick über die politischen Zielfelder der EU-Biokraftstoffpolitik sowie deren Verflechtungen untereinander gegeben werden. Die derzeitigen steuerlichen Förderungen und Beimischungsquoten sind das Ergebnis von permanenten Korrekturen, neuen Einsichten und der Erweiterung der damit einhergehenden Dimensionen des Anbaus und der Produktion von Biokraftstoffen. Die Biokraftstoffpolitik der EU ist ein vergleichsweise sehr junges Politikfeld der Gemeinschaft. Zuweilen ist nicht ganz klar, welchem der traditionellen Politikfelder der EU es zuzuordnen ist, da den steuerlichen Förderungen und dem Vorantreiben von Biokraftstoffen auf dem europäischen Markt eine Vielzahl von ökonomischen und ökologischen Zielen zugrunde liegen. Die maßgeblich daran beteiligten Politikbereiche sollen nun im Einzelnen erläutert werden. Davor wird eine kurze Zusammenfassung der gemeinsamen Umweltpolitik der EU erklären, in welchem Zusammenhang die Biokraftstoffe ihren Weg in die Politik der EU gefunden haben.

Seit den Verträgen von Maastricht (1992) und Amsterdam (1997) gewinnt die ursprünglich in den Römischen Verträgen gar nicht vorgesehene Umweltpolitik immer stärker an Bedeutung. Insbesondere der Vertrag von Amsterdam

4 Richtlinien 2003/30/EG
5 Richtlinien 2003/96/EG

räumte dem Umweltschutz höchste Priorität ein. Seit dieser Zeit stellt der Grundsatz der nachhaltigen Entwicklung sowie die Einbeziehung von Umweltschutzkriterien in alle sektorspezifischen Gemeinschaftspolitiken eines der Hauptziele der EU dar. Die Gesetzgebung im Bereich Umwelt findet fast ausschließlich auf supranationaler Ebene statt. Dies geschieht vornehmlich aus zwei Gründen. Zum einen gehen Umweltprobleme und -verschmutzungen über nationale Grenzen hinaus und zum anderen haben Umweltvorschriften in der Regel Auswirkungen auf den nationalen und internationalen Handel. Durch EU-gesteuerte Rechtsvorschriften entsteht keinem Staat des europäischen Binnenmarktes ein Wettbewerbsnachteil (Europäisches Parlament, 2008a). Die Umweltpolitik der EU ist ein sehr dynamisches Politikfeld, das in den letzten Jahren wieder verstärkt in den Mittelpunkt der politischen Agenda gerückt ist. Das Sechste Umweltaktionsprogramm für den Zeitraum 2002 bis 2012 bildet derzeit den strategischen Rahmen der europäischen Umweltpolitik. Neben dem Klimaschutz werden darin der Schutz der Biodiversität, der natürlichen Ressourcen sowie der menschlichen Gesundheit als auch die verstärkte Einbeziehung von umweltpolitischen Aspekten in andere Politikbereiche als Prioritäten genannt.

Zum Gegenstand der Umweltpolitik wurden die erneuerbaren Energien und damit auch die Biokraftstoffe im Zuge der verstärkten Bekämpfung des Klimawandels. Mit Einsetzen der Debatte um das *Waldsterben* in den 1980er Jahren und der zunehmenden Wahrnehmung der negativen Auswirkungen von Emissionen aus der Verbrennung von fossilen Kraftstoffen, wurden eine Reihe von abgasbezogenen Maßnahmen erlassen (BDB, 2007). Diese beinhalteten beispielsweise die Einführung von bleifreiem und später schwefelfreiem Benzin sowie Katalysatoren, obligatorische Abgasuntersuchungen und Emissionsobergrenzen. Das sich verbreitende Wissen über den Zusammenhang der Klimaveränderungen und der Emissionen von fossilen Energiequellen hatte tiefgreifende Veränderungen in der Energie-und Umweltpolitik zur Folge. Heute noch ist das Klimarahmenabkommen von 1992 in Rio de Janeiro sowie dessen endgültige Ratifizierung 1997 in Kyoto mit den darin vereinbarten Klimaschutzzielen das wichtigste Ergebnis der damaligen Entwicklungen. Der Klimaschutz wurde für die Umweltpolitik zur höchsten Priorität. Um die Bedingungen des Kyoto-Abkommens zu erfüllen, sollen die Treibhausgasemissionen im Zeitraum von 2008 bis 2012 um 8% des Niveaus von 1990 gesenkt werden. Für die Zeit bis 2020 sogar um 20 bis 40%. Die Erfüllung der Kriterien ist eng an eine Verknüpfung der Energie- und Verkehrspolitik mit den Klimaschutzzielen gebunden.

Im 1997 veröffentlichten *Weißbuch*[6] *über erneuerbare Energien* wurde das Ziel formuliert, den Anteil der erneuerbaren Energien in der EU bis 2010 auf 12% zu steigern. Damit wurde eine Energiepolitik eingeleitet, die sich angesichts des Klimawandels und der Luftverschmutzung mit der Nachhaltigkeitsproblematik auseinandersetzt, und zugleich versucht, die Energieversorgungssicherheit und Wettbewerbsfähigkeit von Europa zu erhöhen sowie industrielle und technologische Innovationen zu fördern (EU-Kommission, 2009).

Seit Kyoto ist die Klimapolitik der Europäischen Union längst aus dem Schatten der Umweltpolitik hinausgetreten und steht inzwischen auch international immer mehr auf der politischen Tagesordnung. Da inzwischen globaler Konsens darüber herrscht, dass der Klimawandel von Menschenhand verursacht wird, das zu erwartende Ausmaß der ökonomischen, sozialen und ökologischen Folgen jedoch noch nicht klar ist, wird die Notwendigkeit, Maßnahmen dagegen einzuleiten, international anerkannt. Dies lässt sich anhand der Zielsetzungen zur CO_2-Reduktion der einzelnen Regierungen, hervorgegangen aus dem Kyoto-Protokoll, ablesen. Auf Grund der sich verknappenden Ressourcen auf der einen Seite und der erhöhten Nachfrage nach Energie und fossilen Rohstoffen auf der anderen Seite, werden die nächsten Jahrzehnte wohl von einem verschärften Wettlauf um Ressourcen und Energie geprägt sein (FES, 2007: 1). Die Entwicklung der Energiekosten sowie das erhöhte Mobilitätsverlangen und damit das Bedürfnis nach mehr Energie und Rohstoffen, muss auf sinnvolle Weise mit der Begrenzung des Klimawandels in Einklang gebracht werden. In Europa manifestiert sich daher immer mehr der Gedanke, dass die energie- und klimapolitischen Herausforderungen des 21. Jahrhunderts nur noch gemeinsam zu meistern sind (Geden, Fischer, 2008).

---

6 Unter einem Weißbuch versteht man eine offizielle Zusammenfassung von Vorschlägen für ein gemeinschaftliches Vorgehen in einem bestimmten Politikbereich. Nimmt der Rat der Europäischen Union die Vorschläge des Weißbuches positiv auf, kann aus ihnen ein gemeinschaftliches Aktionsprogramm für den betreffenden Bereich entstehen.

Wie die folgende Tabelle zeigt beruhen die Intentionen der einzelnen Politikfelder der EU in Bezug auf die Förderung von Biokraftstoffen verschiedenen Zielsetzungen. Diesen sollen nun im Einzelnen erläutert werden.

Klimapolitik	Reduktion der Treibhausgasemissionen; die EU will ihre CO_2-Emissionen im Verkehrssektor um 8% gegenüber 1990 senken
Energiepolitik	Förderung der Unabhängigkeit von fossilen Rohstoffen Importabhängigkeit verringern Vorantreiben der großflächigen Produktion von Biokraftstoffen der 2. Generation
Agrarpolitik	Beschäftigungs- und Einkommensalternativen für die Landwirtschaft (nach Osterweiterung) Sicherung durch heimische Produktion
Wirtschaftspolitik	Verwertung der Überschussproduktionen Importabhängigkeit verringern Etablierung neuer Handelspartnerschaften z.B. Mercosur Förderung von neuen Technologien, Investitionen in Unternehmen

Tabelle 1: Intentionen der EU-Politikbereiche in Bezug auf die Biokraftstoffpolitik (eigene Darstellung)

Der Bereich der erneuerbaren Energien und damit der Biokraftstoffe bietet durch die Substitution von oder der Beimischung zu fossilen Kraftstoffen dem Verkehrssektor die Möglichkeit, einen Beitrag zu den nationalen Einsparzielen zu leisten. Auf den Verkehr entfallen derzeit weltweit 21% aller Treibhausgasemissionen. In der EU werden fast ein Drittel aller CO_2-Emissionen vom Verkehrssektor verursacht. Der vermehrte Einsatz von Biokraftstoffen im Verkehrssektor gehört zu den Maßnahmen, die zur Einhaltung der Vorgaben des Kyoto-Protokolls ergriffen wurden. Die Klimapolitik verfolgt das Ziel endliche Ressourcen zu schonen und eine nachhaltige Energieversorgung auf Basis erneuerbarer Energien zu schaffen (SCADPlus, 2008). Sowohl unter umweltpolitischen Gesichtspunkten als auch mit Blick auf die Versorgungssicherheit stellen Biokraftstoffe eine Alternative zu herkömmlichen Kraftstoffen dar.

Die Energiepolitik der EU verfolgt hauptsächlich das Ziel, die Abhängigkeit von den fossilen Rohstoffen zu verringern und die Sicherheit der Energieversorgung durch eine Diversifizierung der Kraftstoffquellen zu gewährleisten. Im gleichen Zug soll auch die Importabhängigkeit gegenüber unsicheren Drittländern reduziert werden. Im Jahre 2006 betrugen die Importe am Primärenergieverbrauch von Erdöl 98% (Bräuninger et al., 2009: 6). Die Energieminister sehen in den erneuerbaren Energien eine Chance für Europa, durch die Schaffung eines ausgewogenen Energiemixes den Grad der Versorgung zu steigern. Um die Energieeffizienz zu erhöhen und die Klimabilanz zu verbessern, soll darüber hinaus der großflächige Anbau von Biokraftstoffen der zweiten Generation vorangetrieben werden.

Auf Seite der Agrarpolitik spielen hauptsächlich die Beschäftigungs- und Einkommensalternativen in der Landwirtschaft eine Rolle. Besonders nach der EU-Osterweiterung werden neue Perspektiven für die ländlichen Gebiete gesucht. Die Produktion von Biokraftstoffen verspricht ein lukratives Geschäft für die Landwirte zu werden. Im Zuge der 1992 eingeleiteten Gemeinsamen Europäischen Agrarpolitik[7]-Reform wurde im Jahr 2003 eine Sonderbeihilfe für Energiepflanzen eingeführt. Diese sieht eine Prämie von 45 Euro je Hektar vor. Europaweit wurde die förderungsfähige Fläche auf 1,5 Millionen Hektar limitiert (Bräuninger et al., 2009: 11). Damit könnte die stark angeschlagene und ohne Subventionen fast nicht mehr aufrecht zu erhaltende Landwirtschaft Rohstoffe aus heimischer Produktion liefern. Dies geschieht auch besonders im Hinblick auf die Ankündigung der Agrarkommissarin Mariann Fischer Boël, dass die EU-Agrarsubventionen im Jahr 2013 auslaufen sollen. Durch den daraus resultierenden Wegfall der Exporte von Agrarüberschüssen ins Ausland würden die europäischen Landwirte erhebliche finanzielle Einbußen erleiden. Begrenzender Faktor sind hier letztendlich die zur Verfügung stehenden Flächenpotentiale.

In der Wirtschaftspolitik steht das Interesse im Vordergrund, die Importabhängigkeit zu verringern und neue Handelspartnerschaften ins Leben zu ru-

---

[7] Im Folgenden nur noch GAP genannt.

fen. Darüber hinaus wird der Aufbau eines tragfähigen und innovativen Industriezweiges erwartet, der auch ein hohes Beschäftigungspotential birgt (Bräuninger et al., 2009: 7). Neben der angestrebten Führerschaft im Bereich Technologie ergeben sich daraus auch neue Exportchancen.

Die Verflechtungen der unterschiedlichen Politikfelder miteinander haben erheblich zu den derzeitigen politischen Entscheidungen und Zielsetzungen beigetragen. Obwohl sich die einzelnen Teilbereiche insbesondere in der Energie- und Klimapolitik in hohem Maße wechselseitig beeinflussen, treten bisweilen deutliche Zielkonflikte auf. So ist die Förderung von Biokraftstoffen der ersten Generation auf europäischem Boden als Maßnahme zur Erhöhung der Energieversorgungssicherheit unter klimapolitischen Gesichtspunkten eher kontraproduktiv (FES, 2007: 2). Auch die geplante Erhöhung der Beimischungsgrenzen von E5[8] auf E10[9] und von B5[10] auf B7[11] beruhten wohl eher auf den Ausbauinteressen der Landwirtschaft und den Interessen der Automobilindustrie, auf diesem Wege den CO_2-Ausstoss zu minimieren, als auf den ursprünglichen Zielen des Klimaschutzes (Bräuninger et al., 2009: 12). Hinsichtlich der Realisierbarkeit der Biokraftstoffausbauziele werden vor allem die Flächenpotentiale in Europa den limitierenden Faktor darstellen. Auch wenn die Befürworter des Biokraftstoffanbaus, wie etwa der Vorstandsvorsitzende des Bundesverbandes BioEnergie, Helmut Lamp, behaupten, dass mit der in der EU zur Verfügung stehenden Ackerfläche von etwa 50 Millionen Hektar 30% der Erdölimporte ersetzt werden könnten, so bestehen berechtigte Zweifel an dieser Rechnung (Brot für die Welt, 2009: 16). Berechnungen des *European Simulation Models* zufolge reicht das Flächenpotential Europas nicht aus, um die Zielvorgaben aus dem Inland zu erfüllen. Ein Teil müsste auf alle Fälle mit Importen abgedeckt werden (Schütz/ Bringezu, 2006: 4). Dies schafft wiederum neue Abhängigkeiten.

2.2 Politische Instrumente zur Förderung von Biokraftstoffen in der EU

Die energiepolitischen Ziele der EU befassen sich mit der Förderung der Energieeffizienz, einem sparsamen Umgang mit Energie sowie der Erschlie-

---

8 Beimischung von 5% Bioethanol zu fossilen Ottokraftstoffen.

9 Beimischung von 10% Bioethanol zu fossilen Ottokraftstoffen.

10 Beimischung von 5% Biodiesel zu fossilem Dieselkraftstoff.

11 Beimischung von 7% Biodiesel zu fossilem Dieselkraftstoff.

ßung erneuerbarer Energiequellen (EU-Info, 2009). Allerdings nimmt der Sektor Umweltschutz in letzter Zeit eine immer bedeutendere Rolle in der Energiepolitik ein (EU-Info, 2009). Die gegenwärtigen Zielsetzungen sind das Resultat einer anhaltenden Entwicklung. Mit Beginn der Diskussionen um die globale Erwärmung, den Treibhausgaseffekt und den Klimawandel Ende der achtziger Jahre rückte das Thema erneuerbare Energien verstärkt auf die politische Tagesordnung. Das von der UNO initiierte Klimarahmenabkommen aus dem Jahr 1992 und das 1997 daraus hervorgegangene Kyoto-Protokoll können als bedeutende Schritte im Kampf gegen die globale Erwärmung gesehen werden. Erstmals werden verbindliche Ziele zur Begrenzung und Reduzierung klimaschädlicher Treibhausgase[12] festgelegt. Die Vertragsstaaten des Rahmenabkommens verpflichteten sich, im Zeitraum zwischen 2008 und 2012 ihre Treibhausgasemissionen um 8% unter den Wert des Jahres 1990 zu senken. Das Protokoll schlug mehrere Maßnahmen für die Realisierung dieser Ziele vor, unter anderen Punkten die verstärkte Nutzung erneuerbarer Energieträger (Kyoto-Protokoll, Art. 2: 2). Dadurch waren die Mitgliedsstaaten der EG im Bereich der Energiepolitik erstmals durch verbindliche Beschlüsse aneinander gebunden. Die energiepolitischen Rahmenbedingungen in Europa wurden im Weißbuch *Eine Energiepolitik für die europäische Union* 1995 und im *Erneuerbare Energien – Weißbuch für eine Gemeinschaftsstrategie und Aktionsplan* 1997 dargelegt. Die darin unterbreiteten Vorschläge der Kommission beinhalteten die Stärkung des Wettbewerbs, die Erhöhung der Versorgungssicherheit sowie eine Reduzierung der Umweltbelastungen.

Im Grünbuch[13] *Hin zu einer europäischen Strategie für Energieversorgungssicherheit* aus dem Jahr 2000 formulierte die Kommission das Ziel, den Anteil von Biokraftstoffen auf 20% des Gesamtkraftstoffverbrauchs im Verkehrssektor zu steigern[14] (EurActiv, 2006).

---

[12] Das Kyoto-Protokoll benennt sechs Treibhausgase: Kohlendioxid (CO_2), Methan (CH_4), Distickstoffoxid (N_2O), teilhalogenierte Fluorkohlenwasserstoffe (H-FCKW), perfluorierte Kohlenwasserstoffe (FCW/PFC) und Schwefelhexaflourid (SF_6).

[13] Unter einem Grünbuch versteht man ein Diskussionspapier mit Vorlagen zu Verordnungen und Richtlinien zu einem bestimmten Thema. Es dient vornehmlich dem Zweck eine öffentliche und wissenschaftliche Diskussion anzuregen und politische Zielsetzungen in Gang zu setzen.

[14] Da sich diese Arbeit ausschließlich mit der erneuerbaren Energie Biokraftstoffe beschäftigt, wird im Folgenden nur noch auf den Wortlaut in Bezug auf Biokraftstoffe Bezug genommen.

Obwohl bereits seit dem Jahr 1992 politische Diskussionen in der EU über steuerliche Förderung auf dem Gebiet der Biokraftstoffe im Gange waren, wurde eine ernst zu nehmende Veröffentlichung erst im Jahre 2001 von der Kommission hervorgebracht. Die *Mitteilung zu alternativen Kraftstoffen für den Verkehrssektor* der Kommission spielt eine maßgebliche Rolle bei der Einführung von Biokraftstoffen auf dem europäischen Markt. Darin wurde besonders auf drei Arten von alternativen Kraftstoffen eingegangen, die als potentiell perspektivenreich angesehen wurden: Biokraftstoffe, Erdgas und Wasserstoff. Damit wurden 2001 erstmals konkrete Vorschläge für eine Richtlinie zur Förderung von Biokraftstoffen sowie für eine Richtlinie zur Steuerermäßigung von Biotreibstoffen vorgelegt (BDB, 2009).

Die grundlegenden rechtlichen Rahmenbedingungen für den Einsatz und die Förderung von Biokraftstoffen in den EU-Mitgliedsstaaten bildeten bis August 2009 die *Richtlinie 2003/30/EG* und der Artikel 16 der *Richtlinie 2003/96/EG*. Die *Richtlinie 2003/30/EG*, auch *Biokraftstoffförderrichtlinie* genannt, wurde im März 2003 vom Europäischen Parlament und dem Rat der Europäischen Union erlassen und verpflichtet die Mitgliedstaaten, Rechtsvorschriften zu erlassen, um den Diesel- und Ottokraftstoffen einen Mindestprozentsatz von Biokraftstoffen[15] beizumischen (RL 2003/30/EG).

Aus dem Weißbuch der Kommission *Die Europäische Verkehrspolitik bis 2010: Weichenstellung für die Zukunft* ging hervor, dass 84% der verkehrsbedingten CO_2-Emissionen dem Straßenverkehr zugeschrieben wurden (RL 2003/30/EG). Die Kommission verpflichtete sich, bis Dezember 2006 einen Fortschrittsbericht für die Verwendung von Biokraftstoffen vorzulegen, um im Anschluss daran zu entscheiden, ob es weiterer Rechtsakte bedarf (SCAD Plus, 2007b).

Um Biotreibstoffe auf dem europäischen Markt wettbewerbsfähig zu machen, gestattete die EU den Mitgliedsstaaten nationale Anreize in Form von Steuerbefreiungen und -ermäßigungen oder Subventionen zu gewähren. In Artikel 16 der *Richtlinie 2003/96/EG* wurden die rechtlichen Instrumente zur Umsetzung der Mindestanteile von Biokraftstoffen verankert (BDB, 2009). In den Absätzen eins bis fünf wurde festgelegt, dass Biokraftstoffe durch Steuerbefreiungen und spezifische Steuersätze gefördert werden können. Allerdings

---

15 Erläuterung, welche Kraftstoffe in welchem Umfang als Biokraftstoffe gelten, sind in Art. 2 Richtlinie 2003/30/EG im Einzelnen definiert.

darf keine Überkompensation des Kostennachteils im Vergleich zu fossilen Kraftstoffen stattfinden.

Im Zuge einer fortschreitenden gemeinsamen und integrierten Energiepolitik der EU legte die Kommission Ende des Jahres 2005 den *Aktionsplan für Biomasse* vor. Damit wurden konkrete Vorschläge zum Ausbau der energetischen Nutzung von Biomasse gemacht. 2005 deckte die EU etwa 4% ihres Energiebedarfes aus erneuerbaren Energiequellen. Deren Ausbau sollte der Diversifizierung, der Schaffung von Arbeitsplätzen sowie als potentielles Preissenkungsdruckmittel als Folge einer geringeren Nachfrage von Öl dienen (SCADPlus, 2007d). Der Bericht führte bindende Verpflichtungen für die Biokraftstoffnutzung ein, ein Zertifizierungssystem, um ein Mindestmaß von Nachhaltigkeit zu garantieren, und legte nationale Ziele für die Marktanteile von Biokraftstoffen fest. Des Weiteren kündigte die Kommission einen Legislativvorschlag für die Fahrzeugindustrie an, um umweltfreundlichere und effizientere Fahrzeuge bereitzustellen. Darüber hinaus wurde eine Überarbeitung der Richtlinie für Kraftstoffqualität[16] angekündigt. Der *Aktionsplan für Biomasse* kann als Teil der neuen EU-Energiepolitik angesehen werden, die im Grünbuch der Energiepolitik im Jahr 2006 festgehalten wurde. Die meisten Empfehlungen des Grünbuchs wurden von den Staatschefs der EU 2006 angenommen. Damit rückte die Entwicklung nachhaltiger, wettbewerbsfähiger und sicherer Energie in der EU auf der politischen Agenda weit nach oben.

Um dieser Tatsache Nachdruck zu verleihen, legte die Kommission zu Beginn 2006 die Mitteilung über *Eine EU Strategie für Biokraftstoffe* vor. Darin war die zukünftige Rolle von Biokraftstoffen als erneuerbare Energiequelle und Alternative zu fossilen Energieressourcen im Verkehrssektor festgehalten. Darüber hinaus sollte die Mitteilung die Umsetzung der in der Richtlinie 2003/30/EG vorgegebenen Ziele vorantreiben und den Mitgliedsstaaten helfen, die Vorgabe von 5,75% Marktanteil von Biokraftstoffen bis 2010 zu realisieren. Die Mitteilung der Kommission verfolgte drei maßgebliche Ziele, die in sieben politischen Schwerpunkten festgehalten wurden und denen geplante Maßnahmen zugeordnet waren. Das erste Ziel beinhaltete die Förderung von Biokraftstoffen in der EU und den Entwicklungsländern. Das zweite Ziel die

[16] Richtlinie 98/70/EG (1998): Qualität von Otto- und Dieselkraftstoffen: Schwefel- und Bleigehalt. Richtlinie des Europäischen Parlaments und des Rates über die Qualität von Otto- und Dieselkraftstoffen und zur Änderung der Richtlinie 93/12/EWG des Rates. Brüssel

Vorbereitung auf den breitgefächerten Einsatz von Biokraftstoffen und das dritte Ziel die Förderung der Zusammenarbeit mit den Entwicklungsländern bei einer nachhaltigen Produktion von Biokraftstoffen. Bei den Schwerpunkten handelte es sich im Einzelnen um die Förderung der Nachfrage nach Biokraftstoffen, die Entwicklung von Produktion und Vertrieb, die Expansion der Rohstoffproduktion, die Erweiterung der Möglichkeiten für den Handel, die Unterstützung der Entwicklungsländer mit der Schaffung von wirksamen Rahmenbedingungen für die Zusammenarbeit sowie deren Förderung von Forschung und Entwicklung. Die Mitteilung stellte damit zum einen die Grundlage für die Überarbeitung oder Revision der im Jahre 2003 beschlossenen Richtlinien dar, zum anderen rechtfertigte sie eine Überprüfung der Prämien für Energie erzeugende Kulturpflanzen, die im Zuge der GAP ebenfalls 2003 eingeführt worden war (SCADPlus, 2008). Darüber hinaus behielt sich die Kommission vor, verbindliche Ziele für Beimischungsquoten zu formulieren, um die Erzeugung, Produktion und den Gebrauch von Biokraftstoffen in den Mitgliedsstaaten voranzutreiben.

Im Januar 2007 legte die Kommission ihr Energie- und Klimapaket vor. Darin war eine Überprüfung der Energiestrategie enthalten, die sich sowohl auf die externen als auch die internen Aspekte der EU-Energiepolitik konzentrierte (EurActiv, 2009). Das Paket enthielt unter anderem Vorschläge für spezifische Vorgaben zu Einsatz und Produktion von Biokraftstoffen. Parallel dazu wurde der *Fortschrittsbericht Biokraftstoffe* vorgelegt - die Überprüfung der in der Richtlinie 2003/30/EG vereinbarten Ziele über die Produktion und Verwendung von Biotreibstoffen. Aus dem Bericht ging hervor, dass die Mitgliedsstaaten, mit Ausnahme von Deutschland und Schweden, weit hinter den vorgegebenen Zielen der Richtlinie zurückgeblieben waren. Trotz der Verdoppelung von Biokraftstoffen auf dem Markt innerhalb von zwei Jahren, lag der Marktanteil nach Schätzungen bei gerade einmal 1% (Europäische Kommission, 2007b: 6). Dabei machte der Anteil von Biodiesel 80% und der von Bioethanol nur 20% aus. Folglich blieb die EU weit hinter ihrem Bezugswert von 2% bis zum Ende des Jahres 2005 zurück. Auf globaler Ebene erreichte Biodiesel aus Europa einen Anteil von etwa 1,6% am Dieselmarkt, der Anteil von Bioethanol lag bei etwa 0,4%. Nach realistischen Schätzungen hätte die EU bis zum Jahr 2010 höchstens einen Anteil von 2,4% bis 3,9% erreichen können. Aus diesem Grund ging die Kommission davon aus, dass ein

Anteil von 5,75% bis zum Jahr 2010 nicht realisierbar sein würde und es einer Überarbeitung der Richtlinie 2003/30/EG bedurfte. In den Schlussfolgerungen der Kommission wurde betont, dass die Förderung von Biokraftstoffen mit den Zielen des Umweltschutzes konform sein müsse. Insbesondere in Belangen von Artenvielfalt, Bodenressourcen, Wasserverbrauch und Emissionen (von Haaren, 2007). Des Weiteren schlug die Kommission vor, die Richtlinien zur Kraftstoffqualität schrittweise zu ändern, einen verbindlichen Mindeststandard für den Biokraftstoffanteil für das Jahr 2020 festzulegen, den internationalen Biokraftstoffhandel auszubauen sowie die Entwicklung und Produktion von Biokraftstoffen der zweiten Generation auszuweiten (Europäische Kommission, 2007b).

Auf dem Frühjahrsgipfel des Europäischen Rates im März 2007 wurde von der Kommission der Vorschlag unterbreitet den Anteil von Biokraftstoffen im Transportsektor auf 10% zu erhöhen. Auf Grund der anhaltenden Kritik und zahlreicher Bedenken in Bezug auf das Ansteigen der Nahrungsmittelpreise und den negativen Auswirkungen auf die biologische Vielfalt, wurde dieser Vorschlag vom Ausschuss für Industrie und Energie des Europäischen Parlamentes abgelehnt. Daraufhin wurde ein Vorschlag eingereicht, der ein verbindlich zu erreichendes Mindestziel jedes Mitgliedsstaates von 10% an erneuerbaren Energien im Verkehr bis zum Jahr 2020 vorschreibt (Hönicke, 2009: 11). Zur konkreten Umsetzung dieses Ziels legte die EU-Kommission zu Beginn des Jahres 2008 den *Richtlinienvorschlag zur Förderung der Energie aus Erneuerbaren Quellen* vor (BDB, 2009). Dieser Richtlinienvorschlag ist Teil des EU Klimapaketes, der unter anderem auch Gesetzesvorschläge über das Emissionshandelssystem sowie über die CO_2-Emissionen bei Neuwagen enthält. Um der anhaltenden Diskussion über Nachhaltigkeit und einen internationalen Standard für die Produktion von Biokraftstoffen Rechnung zu tragen, betraute die Kommission eine Ad-hoc-Arbeitsgruppe, die wichtigsten Kriterien für Biokraftstoffe zu erörtern. Im Dezember 2008 wurde vom Europäischen Parlament das EU-Klimapaket verabschiedet. Das Paket soll sicherstellen, dass die von der EU definierten Klimaziele erreicht werden können. Bis 2020 sollen die Treibhausgasemissionen um 20% reduziert werden, der Anteil erneuerbarer Energien soll um 20% steigen und die Energieeffizienz um 20% erhöht werden (Europäisches Parlament, 2008). Die *Richtlinie Erneuerbare Energien* bildet einen der sechs Bestandteile des Klimapaketes. Aus ihr geht hervor, dass mindestens 10% aller Kraftstoffe im Verkehrssektor aus erneuerbaren Energien zu decken sind (Europäisches Parlament, 2008). Neu dabei ist allerdings, dass sowohl Biokraftstoffe der ersten und zweiten Generation sowie Wasserstoff und Strom aus erneuerbaren Quellen zu diesem Anteil dazuzählen.

Des Weiteren wurden in der neuen Richtlinie erstmals verschiedene Nachhaltigkeitskriterien festgelegt. So müssen Biokraftstoffe mindestens 35% Treibhausgase einsparen, um angerechnet werden zu können. Ab dem Jahr 2017 müssen sogar 50%[17] bzw. 60%[18] eingespart werden. Darüber hinaus wurden ökologische und soziale Standards festgelegt, um eine nachhaltige Produktion zu gewährleisten.

Die Anrechnung der erzeugten Mengen, sowie die Wahl und Ausgestaltung der Fördersysteme, bleiben weiterhin den Nationalstaaten vorbehalten. Damit soll gewährleistet werden, dass die Mitgliedsstaaten ein an die jeweiligen Landesbedingungen angepasstes effektives und kostengünstiges Fördersystem entwickeln. Ferner bietet die Richtlinie den Mitgliedsstaaten die Möglichkeit ihre nationalen Zielsetzungen auch durch Kooperationen mit anderen Mitgliedsstaaten zu erfüllen. Dies geschieht vor dem Hintergrund, dass nicht in allen Staaten der EU die gleichen Voraussetzungen zur Produktion und Förderung von erneuerbaren Energien geboten sind. So werden Anreize geschaffen, in kostengünstige und effiziente Anlagen in anderen Mitgliedsstaaten zu investieren.

Was in diesem Abkommen jedoch bisher unbeachtet bleibt, sind rechtsverbindliche Aussagen über Landnutzungsveränderungen. Auch werden die indirekten Folgen, wie etwa zusätzliche Emissionen auf Grund von Entwaldung oder Preisveränderungen für Rohstoffe durch Flächenkonkurrenz, nicht berücksichtigt. Dabei hängt das CO_2-Minderungspotential stark von der Pflanze und den Produktionsbedingungen ab. Für eine präzise Bewertung des Einsparpotentials und damit der Nachhaltigkeit müsste die gesamte Herstellungskette betrachtet werden (Bräuninger et. al., 2009: 36). Die neue Richtlinie stellt erstmals eine verbindliche gesamteuropäische Regelung dar, die alle Bereiche der erneuerbaren Energien (Strom, Wärme und Verkehr) miteinschließt. Die Mitgliedsstaaten der EU haben nun bis 05.12.2010 Zeit, die

[17] Bezieht sich auf Biokraftstoffe, die in bereits bestehenden Anlangen produziert werden.

[18] Bezieht sich auf Biokraftstoffe, die in neu errichteten Anlagen produziert werden.

Richtlinie zur Förderung der Energie aus Erneuerbaren Quellen umzusetzen. Mit dem Beschluss der *Richtlinie 2009/28/EG* werden die derzeit auf EU-Ebene existierenden Instrumente, die *Biokraftstoffrichtlinie 2003/30/EG* und die *Stromrichtlinie 2001/77/EG*, zum 01.01.2012 aufgehoben und durch die neue ersetzt (BMU, 2008). Die Kommission muss ihrerseits bis zum Jahr 2018 eine neue Roadmap zum Ausbau erneuerbarer Energien vorlegen und gegebenenfalls neue Gesetze für die Zeit nach 2020 entwerfen.

2.3 Stand der Umsetzung

Mit dem Vorantreiben der politischen Vorgaben durch die Kommission wurden die Mitgliedsstaaten der EU teilweise vor große Herausforderungen gestellt. Im Jahr 2001 waren Biokraftstoffe noch von marginaler Bedeutung in der EU. Ihr Anteil lag bei 0,3%. Wie aus dem Fortschrittsbericht für Biokraftstoffe hervorgeht, lag der Marktanteil für Biokraftstofd treiben fe im Jahr 2005 bei schätzungsweise 1%. Damit wurde die Zielvorgabe von 2% nicht erfüllt. Der Bezugswert wurde lediglich von Deutschland und Schweden eingehalten (Europäische Kommission, 2007b). Daher sollen diese beiden Staaten im Folgenden näher auf ihre politischen Maßnahmen in Bezug auf Biokraftstoffe untersucht werden. Frankreich erreichte sein Beimischungsziel im Jahr 2007 und konnte einen Anteil von 3,5% Biokraftstoffe am Gesamtverbrauch vorweisen. Ab dem Jahr 2007 verringerten sich die Unterschiede zwischen den Mitgliedsstaaten jedoch zusehends. Seit dem Jahr 2007 wurde in immer mehr Mitgliedsstaaten eine Beimischungsverpflichtung, oft kombiniert mit zunächst niedrigen, jedoch zunehmend höheren Steuersätzen, eingeführt. Einige Länder verfügen über Quotenregelungen und Ausschreibungssysteme, die es den Regierungen erlauben, die Mengen des jährlich bereitzustellenden Biokraftstoffs festzulegen, und so für eine gewisse Marktregulierung zu sorgen.

Aus dem *Fortschrittsbericht Erneuerbare Energien* geht hervor, dass die Produktion von Biokraftstoffen in den Jahren 2006 und 2007 deutlich rascher zugenommen hat als in den Jahren zuvor. 2007 lag der Anteil von Biokraftstoffen im Straßenverkehr bei 2,6%. Davon entfielen 75% auf Biodiesel, wovon 26% aus Importen stammten. Insgesamt produzierten die Mitgliedsstaaten der EU im Jahr 2007 5,4 Millionen Tonnen Biodiesel. Deutschland war der größte Biodieselhersteller mit einem Anteil von 2,9 Millionen Tonnen. Nach

Angaben des FAPRI *Agricultural Outlook 2009* besitzt die EU den am meisten entwickelten Biodieselmarkt. Die Produktion stieg im Jahr 2008 um 6% an. Auf Grund der großen Konkurrenz aus dem Ausland nahm sie jedoch 2009 um 7% ab. Infolge der Beimischungsquoten wird in den nächsten zehn Jahren ein weiteres Wachstum erwartet, das im Jahr 2018 10,9 Milliarden Liter erreichen wird. Die Importe von Biodiesel haben zwischen den Jahren 2008 und 2009 rapide zugenommen. Sie stammten größtenteils aus Argentinien und Brasilien. Es wird damit gerechnet, dass die Importmenge bis 2018 auf 1,1 Milliarden Liter steigen wird (FAPRI, 2008: 317).

Der Anteil von Bioethanolverbrauch in der EU lag 2007 bei 1,7 Millionen Tonnen, was einen Anteil von 15% am Gesamtverbrauch von Biokraftstoffen ausmacht. Davon mussten 31% in die EU eingeführt werden (Europäische Kommission, 2009: 8). Frankreich war 2007 mit 539.000 Tonnen vor Deutschland und Spanien größter Bioethanolhersteller (FNR, 2009: 161).

2008 stieg die Ethanolproduktion der EU um 26% auf 3,4 Milliarden Liter an. Es wird erwartet, dass die Produktion bis zum Jahr 2018 6 Milliarden Liter erreichen wird. Dies würde einen Zuwachs von 175% darstellen. Nach Berechnungen des FAPRI werden die Importe von Bioethanol von derzeit 1,2 Milliarden Litern auf 2,3 Milliarden Liter im Jahr 2018 steigen. Der Konsum wird die Produktion jedoch bei weitem überschreiten (FAPRI, 2008: 316).

Gegenwärtig wird die Verwendung von Bioethanol in immer mehr EU-Ländern vorangetrieben (Janssen et al., 2006: 2). Importiertes Ethanol spielt eine immer wichtigere Rolle auf dem europäischen Markt. Auf Grund der geringen Produktionskosten von Ethanol aus brasilianischem Zuckerrohr haben sich die Importe zwischen 2005 und 2007 mehr als verdoppelt. Jedoch sind auch Änderungen auf dem Biodieselmarkt zu verzeichnen. Hatte die EU im Jahr 2005 noch eine positive Handelsbilanz für Biodiesel, fiel diese 2007 negativ aus. Einer der Hauptgründe hierfür wird in dem hoch subventionierten Biodiesel aus den USA vermutet, der die europäischen Preise weit unterbietet (Europäische Kommission, 2009: 8).

Ferner werden im *Fortschrittsbericht Erneuerbare Energien* die positiven wirtschaftlichen und ökologischen Auswirkungen der vermehrten Nutzung von Biokraftstoffen betont. Aus dem Bericht geht hervor, dass durch die Diversifizierung des Kraftstoffverbrauchs im Jahr 2007 1,6 Milliarden Liter

Benzin und 7,7 Milliarden Liter Diesel ersetzt werden konnten. Trotz der bereits erzielten Erfolge geht die Kommission davon aus, dass die EU ihre anvisierten Ziele im Bereich der erneuerbaren Energien für 2010 verfehlen wird. Dennoch erachtet sie die Rechtsvorschriften und Empfehlungen aus der Richtlinie 2009/ 28/EG als notwendigen Rechtsrahmen, um die Entwicklungen in Industrie und Technologie weiter voran zu treiben (Europäische Kommission, 2009: 13).

Wie bereits kurz angesprochen, haben die Länder Deutschland und Schweden europaweit die aussichtsreichste und effektivste Biokraftstoffpolitik entwickelt. Daher sollen diese beiden Länder nun näher betrachtet werden. Dies geschieht zum einen vor dem Hintergrund, die unterschiedlichen Gegebenheiten in den EU-Mitgliedsstaaten zu verdeutlichen, und zum anderen um die wechselseitige Beeinflussung von nationaler und supranationaler Politik zu beleuchten. In beiden Ländern wurden Biokraftstoffe von der Verbrauchersteuer befreit. Die Kapazitäten werden aus inländischer Produktion und Importen gedeckt. Schweden importiert auf Grund seiner wachsenden Flotte von Flex-Fuel-Vehicles[19] Bioethanol aus Brasilien. In Deutschland spielt E-thanol noch eine eher untergeordnete Rolle, dafür ist es größter Biodieselhersteller und Verbraucher der EU (Europäische Kommission, 2007b: 6). Beide Staaten investieren in Forschung und Technik und treiben die Entwicklung von Biokraftstoffen der zweiten Generation aktiv voran.

In Deutschland wurde auf Basis der EU-Beschlüsse von 2003 die Mineralölsteuerbefreiung auf alle Biokraftstoffe eingeführt. Die Gesetzesänderung hatte einen sprunghaften Anstieg des Verbrauchs von Biokraftstoffen zur Folge. So stieg der Einsatz von Biodiesel von 800.000 Tonnen im Jahr 2003 auf 1,8 Millionen Tonnen im Jahr 2005. Auch der Verbrauch von Bioethanol erhöhte sich 2004 von 65.000 Tonnen auf 479.000 Tonnen im Jahr 2006. Bioethanol wurde vor allem in Form von E5 konsumiert. Unter der großen Koalition von CDU/CSU und SPD kam es 2005 zu einer Neuorientierung in der Biokraftstoffpolitik (BDB, 2009c). Im Zuge des *Integrierten Energie- und Klimaprogramms* verpflichtete sich Deutschland, seine Treibhausgasemissionen bis 2020 um 40% zu senken. Ein wichtiger Teil dieser Strategie war die vermehrte Nutzung von Biomasse für die Erzeugung von Strom, Wärme und

[19] Als Flex-Fuel-Vehicles werden Fahrzeuge bezeichnet, deren Motoren ein beliebiges Gemisch von Ethanol und Benzin vertragen.

Biokraftstoffen. So entfiel ab Januar 2007 die vollständige Steuerbefreiung für Biokraftstoffe und wurde durch einen Beimischungszwang ersetzt. Das Biokraftstoffquotengesetz setzte einen Mindestanteil von Biokraftstoffen bei Diesel von 4,4% und bei Benzin von 1,2% fest. Diese Quote sollte jährlich um 0,8% erhöht werden. Ab dem Jahr 2009 sollte eine Gesamtquote von 6,25% eingehalten werden (FNR, 2009). Bis zum Jahr 2020 war eine Erhöhung auf 12 bis 15% vorgesehen. Im Jahr 2006 lag der Anteil von Biokraftstoffen in Deutschland bereits bei 6,3% (Kliem, 2006: 2). Auf Grund der Diskussionen um die Nachhaltigkeit und Effizienz von Biokraftstoffen sowie deren Einfluss auf den Nahrungs- und Futtermittelanbau distanzierte sich die Regierung jedoch von ihren ursprünglichen Zielen (Hönicke, 2009: 12). Ende des Jahres 2008 wurde die *Änderung der Förderung von Biokraftstoffen* beschlossen. Steuerlich gefördert werden ab diesem Zeitpunkt nur noch besonders förderungswürdige Biokraftstoffe wie beispielsweise Bioethanol in Form von E85[20]. Die Steuervergünstigungen für Biodiesel und reines Pflanzenöl werden nur noch für die Landwirtschaft und dies auch nur noch bis 2012 gewährt (BDB, 2009c). Der Beimischungsanteil wurde für das Jahr 2009 von 6,25% auf 5,25% gesenkt. In den Jahren 2010 bis 2014 soll der Anteil nun wieder auf 6,25% gesteigert werden. Entscheidende Änderung in Bezug auf Biokraftstoffe ist, dass nun nicht mehr der Beimischungsanteil ausschlaggebend ist, sondern wie viel Kohlendioxid bei der Verwendung eingespart werden kann (BMU, 2008). Die Höhe der Quoten soll im Jahr 2011 nochmals überprüft werden. Durch die Änderung wird nun verstärkt die Frage der Nachhaltigkeit bei der Produktion in den Mittelpunkt der Biokraftstoffbeimischung gerückt. Damit soll die Nutzungskonkurrenz zwischen der Nahrungsmittelproduktion und der Biokraftstoffherstellung auf möglichst geringem Niveau gehalten werden. Gemäß der EU-Richtlinie *Erneuerbare Energien* sind die Beimischungsziele an eine Nachhaltigkeitsverordnung geknüpft. So ist in der Verordnung festgelegt, dass “im Interesse des Umwelt, Klima- und Naturschutzes der Anbau der Pflanzen keine naturschutzfachlich besonders schützenswerten Flächen (z.B. Regenwälder) oder Flächen mit hohem Kohlenstoffbestand (z.B. Feuchtgebiete, Torfmoore) zerstören darf, und ihr Einsatz zur Energieerzeugung gegenüber fossilen Energieträgern mindestens 35 Prozent weniger Treibhausgase freisetzen muss. Biomasse, die in Europa landwirtschaftlich

---

[20] Mischung von 85% Bioethanol und 15% Ottokraftstoff.

angebaut wird, muss außerdem dem Fachrecht der Cross Compliance[21] entsprechen.“ (BMU, 2009). Nur bei Erfüllung dieser Kriterien kann eine Anrechnung auf die Quote gemäß dem Biokraftstoffquotengesetz erfolgen.

Obwohl der deutsche Entwurf der Nachhaltigkeitsverordnung als Basis der formulierten Nachhaltigkeitskriterien der EU Richtlinie 2009/28/EG diente und in seiner endgültigen Fassung in Teilen über die EU-Richtlinie hinaus geht, fehlen auch hier explizite Regelungen zu indirekten Landnutzungsveränderungen, den Auswirkungen auf die Ernährungssicherheit sowie hinsichtlich der zu erbringenden Sozialstandards (Hönicke, 2009: 13).

Dennoch gehört Deutschland weltweit zu den größten Produzenten von erneuerbaren Energien. Darüber hinaus war Deutschland 2006 das Land, das am meisten in erneuerbare Energien investierte. Im Jahr 2007 waren circa 250.000 Menschen in diesem Bereich beschäftigt, wobei der Sektor Biomasse mit 38% den größten Anteil der Arbeitsplätze ausmachte (REN21, 2008: 18).

In Schweden wurde bereits nach der ersten Ölkrise in den siebziger Jahren begonnen, sich vom Erdöl abzuwenden und verstärkt in erneuerbare Energien zu investieren. Innerhalb von drei Jahrzehnten konnte damit der Erdölverbrauch an der Gesamtenergieversorgung von 77% auf 34% gesenkt werden. Gleichzeitig wurde der Anteil der erneuerbaren Energien bis 2005 auf 26% gesteigert (Europäische Kommission, 2007). Bereits seit den neunziger Jahren investiert Schweden in Pilotanlagen zur Gewinnung von Ethanol aus Wein oder Zellulose. Im Jahr 2001 begann Ford mit der Produktion von Flexible-Fuel-Vehicles (FFV) für Schweden. Der Staat fördert den Kauf von umweltfreundlichen Neuwagen mit einer Prämie von über 1.000 Euro. Darüber hinaus zahlen Besitzer weniger KFZ-Steuer und dürfen in vielen Städten umsonst parken (BDB, 2009b). Der Absatz von FFV hat in den vergangenen Jahren stark zugenommen und beträgt derzeit gute 6%. Insgesamt wurden bis heute etwa 100.000 Stück verkauft. Im Jahr 2008 machen FFV nahezu ein Viertel aller Neuwagenkäufe in Schweden aus (BDB, 2009b).

Nach den EU-Beschlüssen im Jahre 2003 wurde eine vollständige Befreiung von der Energie- und CO_2-Steuer für die Zumischung von Biokraftstoffen be-

[21] Cross Compliance (dt. anderweitige Verpflichtungen) bezeichnet die Verknüpfung von Prämienzahlungen mit der Einhaltung von gewissen Umweltstandards. Dieser Ansatz findet bereits seit den 1980er-Jahren in der Agrarpolitik Verwendung.

schlossen. Kraftstoffgemische erhalten eine Steuerentlastung abhängig vom biogenen Anteil. Darüber hinaus werden Biokraftstoff-Pilotprojekte steuerlich gefördert. Schweden ist das einzige Land Europas mit einem höheren Verbrauch von Biogas als Erdgas im Fahrzeugbereich. Dieser hohe Anteil beruht auf dem Regierungsbeschluss, Fahrzeugen, die mit Biogas fahren, eine Reduktion der Kraftfahrzeugsteuer von 30% zu gewähren (BDB, 2009b). Ferner wurden die Busse des Öffentlichen Nahverkehrs auf Biogas-Fahrzeuge umgestellt. Im Jahr 2006 lag laut Eurobserver der Biogasanteil am gesamten schwedischen Biokraftstoffverbrauch bei 9%. Um den Anteil von Biokraftstoffen weiter voran zu treiben wurden im Jahr 2008 die Tankstellenbetreiber per Verordnung dazu verpflichtet, ab einer verkauften Menge von mehr als 3000 m^3 Benzin und Diesel im Jahr, auch Biodiesel, Bioethanol und Biogas anzubieten. Obwohl Schweden in der Produktion von Biokraftstoffen eher im europäischen Mittelfeld anzusiedeln ist, lag sein Verbrauch an Biokraftstoffen weit über europäischem Durchschnitt. 2007 konnte Schweden einen Anteil von 4% Biokraftstoffen am Gesamtkraftstoffverbrauch vorweisen. Dies liegt vor allem an seinen hohen Ethanolkapazitäten. Derzeit wird zu 93% aller Benzinsorten E5 beigemischt. Darüber hinaus stieg der E85 Konsum auf Grund der wachsenden Flotte von FFV in den letzten Jahren um 60% an (Schwedisches Parlament, 2007). Einen Teil des Ethanolbedarfs kann Schweden aus heimischer Produktion decken, wobei Ethanolfabriken die Abfälle der holzverarbeitenden Industrie weiterverarbeiten. Der restliche Verbrauch wird aus Importen gedeckt. Derzeit befinden sich zahlreiche zusätzliche Fabriken in Bau oder Planung. Schweden hat sich das ehrgeizige Ziel gesetzt bis 2020 unabhängig von fossilen Rohstoffen zu sein, daher spricht es sich klar für eine Aufhebung der hohen Importzölle der EU auf Biokraftstoffe aus.

2.4 Aktuelle Debatte

Mit der zunehmenden Verwendung von landwirtschaftlichen Rohstoffen für die Biokraftstoffproduktion gewann auch die Diskussion um die Nachhaltigkeit an Bedeutung. Besonders im Hinblick auf die Nahrungsmittelkrise der Jahre 2007 und 2008 rückte das Thema verstärkt in den Fokus der politischen Debatte. (ISCC, 2009). Die Energieproduktion aus nachwachsenden Rohstoffen in der EU war zwischen 1994 und 2004 um 50% gestiegen. Aus diesem

Grund waren die Auswirkungen der veränderten Landnutzung im Hinblick auf die Selbstversorgung sowie auf den Export von Nahrungsmitteln ein wichtiger Bestandteil der Diskussion innerhalb der EU Gremien sowie in den einzelnen Nationalstaaten. Nach aktuellen Berechnungen des Hamburger Weltwirtschaft Instituts ließe sich der Bedarf an Energiepflanzen bis 2010 noch weitestgehend durch den Anbau innerhalb Europas decken. Die Erhöhung des Anteils von Biokraftstoffen auf 10% bis 2020 kann jedoch durch heimische Produktion nicht abgesichert werden (ISCC, 2009). Der Flächenbedarf würde das Flächenpotential deutlich übersteigen. Auch mit enormen Produktivitätssteigerungen, der Erschließung neuer Flächen und dem Rückgriff auf stillgelegte Flächen wird auf Importe zurückgegriffen werden müssen. Verschiedene Untersuchungen belegen, dass die Bereitstellung von den notwendigen Flächen für die EU, nur durch einen weitgehenden Verzicht auf den Export von Agrargütern zu bewerkstelligen wären. Dies dürfte angesichts der Tiefstständе der Getreideinterventionen sowie den heutigen Preisen für Agrarerzeugnisse jedoch kaum eine Option für die Landwirte darstellen (ISCC, 2009). Der Import von Biokraftstoffen oder deren Rohstoffen ist per se nicht problematisch und wird von der Kommission in der neuen Richtlinie sogar ausdrücklich erwünscht:

> „Obwohl es für die Gemeinschaft technisch möglich wäre, ihr Ziel für die Nutzung von Energie aus erneuerbaren Quellen im Verkehrsbereich ausschließlich durch die Herstellung in der Gemeinschaft zu erreichen, ist es sowohl wahrscheinlich als auch wünschenswert, dass das Ziel de facto durch eine Kombination aus inländischer Herstellung und Importen erreicht wird." (RL 2009/28/EG: 18)

Demnach wird der Import zunehmend an die Frage geknüpft sein, unter welchen Bedingungen die Rohstoffe in den jeweiligen Ländern produziert werden. Die Einsparungen von Treibhausgasen sind bei Biokraftstoffen aus tropischen Regionen, allen voran Brasilien, grundsätzlich höher als aus heimischer Produktion, jedoch nicht unumstritten. So können Konversionen von Flächen in Regenwaldgebieten, Sumpfgebieten und Steppen die Klimabilanz extrem verschlechtern. Die aktuelle Richtlinie spiegelt in gewissem Maße eine Neuausrichtung der Biokraftstoffpolitik auf europäischer Ebene wider. Im Vordergrund stehen nun, wie bei der deutschen Nachhaltigkeitsverordnung, neben der Sicherung der nachhaltigen Produktion besonders die Treibhausgaseinsparpotentiale des jeweiligen Biokraftstoffs. Es zeichnet sich die Tendenz ab, keine bloßen Mengenangaben bei der Verwendung vorzuschreiben, sondern Vorgaben zur Zielmenge an Emissionseinsparungen zu machen. Die potentiellen Mindesteinsparungswerte können weiterhin durch Steuerentlastungen und Beimischungsquoten gefördert werden (FNR, 2009: 120). Auch wenn derzeit noch der größte Teil der verwendeten Biokraftstoffe in der EU aus heimischer Produktion stammt, sind die geäußerten Bedenken um die Nachhaltigkeit durchaus legitim. Besonders im Hinblick auf die veränderten Landnutzungsbedingungen und die Konkurrenz zwischen Nahrungsmittel- und Rohstoffpflanzen. Es ist davon auszugehen, dass die Verwendung von Biokraftstoffen in Zukunft zunehmend an deren Nachhaltigkeit und Treibhausgasbilanz gekoppelt sein wird. Kritiker befanden die ausgearbeiteten Nachhaltigkeitskriterien als nicht ausreichend, um allen Dimensionen der Problematik gerecht zu werden. So erklärte der deutsche Sachverständigenrat für Umweltfragen in seinem Sondergutachten *Klimaschutz durch Biomasse,* dass „die ambitionierten Bioenergieausbauziele demnach den Import von Biomasse bzw. Bioenergieträgern forcieren, ohne aber gleichzeitig mögliche negative Folgen dieser Importe zu berücksichtigen“ (SRU, 2007: 7). Und auch das im Dezember 2008 vorgelegte Gutachten des Wissenschaftlichen Beirats der Bundesregierung Globale Umweltveränderungen (WGBU) *Zukunftsfähige Bioenergie und nachhaltige Landnutzung* deklariert Biokraftstoffe der ersten Generation wie beispielsweise Biodiesel aus Raps oder Bioethanol aus Mais als ungeeignet für den Klimaschutz. Der WGBU spricht sich in seinem Gutachten klar für einen Ausstieg aus der Biokraftstoffförderung im Verkehrssektor aus und plädiert für eine Rücknahme der Beimischungsquoten (WGBU, 2008: 2). Die OECD hatte bereits 2007, im Zuge der drastisch gestiegenen Lebensmittelpreise, die Regierungen davor gewarnt, neue Biokraftstoffziele aufzustellen. Ihrer Meinung nach würde der Importbedarf der derzeitigen Beimischungsquoten ein nachhaltiges Produktionsniveau übersteigen sowie den Druck auf die Landnutzung weiter verstärken (OECD, 2007: 7).

Und auch Nichtregierungsorganisationen wie der WWF oder Greenpeace kritisieren die jüngsten Entwicklungen in der Biokraftstoffpolitik. Zu Beginn des Jahres 2009 bemängelte der WWF in seinem Hintergrundpapier zur Richtlinie *Erneuerbaren Energien*, dass die Definitionen in Bezug auf die in den Nachhaltigkeitskriterien formulierten Flächen zu vage wären. Desweiteren gelte der Cross Compliance-Ansatz nur für Europa, und die sozialen Auswirkungen in den wichtigen Naturräumen seien gar nicht berücksichtig worden (WWF, 2009: 2). Greenpeace sprach sich gegen die Beimischungszwänge in der EU aus. Die Vorgaben würden laut Greenpeace den Raubbau in ökologisch wertvollen Gebieten vorantreiben und der Umweltzerstörung weiter Vorschub leisten. Kritik wurde auch an den Definitionen und Ausgestaltungen der Nachhaltigkeitsstandards geübt, da „erhebliche Zweifel an ihrer Umsetzung und Überprüfbarkeit" bestünden. Darüber hinaus beanspruche der nachhaltige Aufbau eines internationalen Zertifizierungssystems erfahrungsgemäß 5 bis 10 Jahre (Greenpeace, 2008: 3).

Die Kommission dagegen betonte, dass die Förderung von Biokraftstoffen nicht nur dem Klimaschutz sondern auch der Versorgungssicherheit diene, und deshalb die Qualität der Richtlinie beide Aspekte berücksichtigen müsse. Damit spiegeln die aktuellen Vorgaben zur Nachhaltigkeit von Biokraftstoffen unter der Voraussetzung einer kosteneffizienten und umweltfreundlichen Produktion den Grundkonflikt zwischen Umwelt- und Energiepolitik der EU wider (Geden, 2009: 6). Innerhalb der EU-Mitgliedsstaaten wurden Programme und Richtlinien erlassen, um die Energiegewinnung aus landwirtschaftlichen Produkten effizient zu gestalten (Schönleber et al., 2007: 1). Die von der EU formulierten Nachhaltigkeitskriterien sollen gewährleisten, dass durch den Anbau von Biokraftstoffen keine negativen Auswirkungen auf die Umwelt entstehen. Diverse Länder streben ein Zertifizierungssystem für die nachhaltige Produktion von Biokraftstoffen an. Dazu müssten die Nachhaltigkeitskriterien jedoch entlang der gesamten Produktionskette formuliert werden. Da Biokraftstoffe während ihrer Produktion meist mehrfach Landesgrenzen überschreiten, sollte eine Überprüfung der Nachhaltigkeitsstandards auch international vorgenommen werden (Bräuninger, 2009: 35). Derzeit finden schon verschiedene Pilotprojekte zur Zertifizierung statt. Die ersten Ergebnisse dieser Projekte werden für das Jahr 2010 erwartet.

Deutschland hat durch das Biokraftstoffquotengesetz bereits erste Maßnahmen für die Nachhaltigkeit von Biokraftstoffen ergriffen. In Großbritannien muss ein Nachweis der Nachhaltigkeit von Biokraftstoffen erbracht werden, um auf die „Renewable Transport Fuel Obligation" (RTFO) angerechnet zu werden (Rutz, Janssen, 2008: 2). In den Niederlanden arbeitete die *Cramer Commission* Nachhaltigkeitsstandards aus. Obwohl alle Initiativen Mindestniveaus für Treibhausgasemissionen und Biodiversität vorsehen, bleiben die sozialen Komponenten in diesem Zusammenhang bislang noch weitgehend unberücksichtigt.

Die EU Kommission sieht bisher keinen Anlass, von ihrem 10%igen Beimischungsziel abzurücken. Den Vorwurf, dass der Ausbau der Biokraftstoffproduktion zur Verknappung der in der EU produzierten Lebensmittel beitrage und damit die Preise für Getreide und Futtermittel in die Höhe treibe, wies die Kommission zurück. Agrarkommissarin Mariann Fischer Boël konstatierte in ihrer Rede vom 06. Mai 2009 in Brüssel, „die europäische Union nutzt aktuell weniger als 1 Prozent ihrer Getreideproduktion zur Herstellung von Ethanol. [...] Zwei Drittel der Rapsernte werden zur Herstellung von Biodiesel genutzt, die europäische Rapsproduktion macht jedoch nur ca. 2 Prozent der weltweiten Nachfrage nach Rapsöl aus." (Fischer Boël, 2008). Die Kommission geht davon aus, dass die erarbeiteten Nachhaltigkeitskriterien ausreichen, um Treibhausgaseinsparungen zu ermöglichen und gleichzeitig die biologische Vielfalt nicht zu bedrohen.

2.5 Internationaler Handel mit Biokraftstoffen

Derzeit macht der internationale Handel mit Biokraftstoffen nur einen minimalen Teil verglichen mit fossilen Treibstoffen aus. Noch werden bis zu 90% der weltweiten Biokraftstoffproduktion in den produzierenden Ländern selbst verbraucht. Der maßgebliche Teil des Handels mit Biokraftstoffen findet zwischen Nachbarstaaten und -regionen statt. Der weltweite Export nimmt jedoch stetig zu. Experten erwarten eine Verdoppelung der Handelsmenge in den nächsten Jahren (Hönicke, 2009: 17).

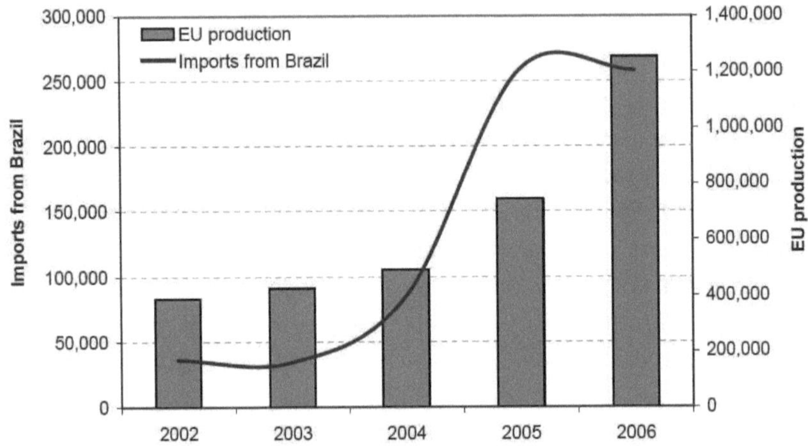

Abbildung 1: Entwicklung der Ethanolproduktion und Importmengen der EU aus Brasilien (Quelle: GSI, 2007: 28)

Durch die Quotenregelungen in der EU, USA und Japan sowie in den wirtschaftlich erstarkenden Schwellenländern wie China und Indien wächst zunehmend die Nachfrage nach Biodiesel und Bioethanol. Die Regionen mit dem größten Produktionspotential liegen in Südamerika, Ostasien, Sub-Sahara Afrika und in Osteuropa. Da die Industrienationen bisher noch nicht in der Lage sind, Biokraftstoffe konkurrenzfähig herzustellen, fördern sie die heimische Produktion durch Subventionen oder schützen sie durch hohe Importzölle. Innerhalb der europäischen Union beträgt die Sonderbeihilfe für Energiepflanzen 45 € pro Hektar. In den USA wird jede Tonne Biodiesel mit 200 US Dollar subventioniert. Die EU Sonderbeihilfe wurde 2003 im Rahmen der 1992 eingeleiteten GAP-Reform eingeführt und sollte die Biokraftstoffproduktion, nach in Kraft treten der Richtlinie 2003/30/EG, in den EU-Mitgliedsstaaten fördern (Timmerbeil, 2007: 5). Obwohl die europäische Produktion stetig zunimmt, allein in den Jahren von 2005 auf 2006 um 74%, ist Europa nicht in der Lage die Beimischungsquoten ohne Importe zu decken. Ohne massive Produktivitätssteigerungen wird sich die europäische Abhängigkeit weiter verstärken, zumal das Ausbaupotential von Biodiesel aus Raps als begrenzt eingestuft wird. Hinzu kommen Spekulationen über die Abschaffung der Subventionen für den Anbau von Biokraftstoffen sowie die schrittweise Besteuerung von Biodiesel und Bioethanol. Durch die gesetzlich vorgeschriebenen Beimischungsquoten werden den Produzenten zwar Absatzmengen garantiert, jedoch befürchten die europäischen Produzenten ohne Subventionen und Steuerbefreiung nicht konkurrenzfähig gegenüber Ländern mit niedrigen Produktionskosten oder hohen staatlichen Förderungen zu sein. Darüber hinaus besteht die Gefahr, dass die Quotenregelungen nur geringe Anreize bei den Produzenten schaffen, neue und kostensenkende Produktionsmethoden zu entwickeln (Bräuninger, 2009: 13).

Länder mit einer großen Biokraftstoffproduktion wie die USA und Brasilien sehen deshalb die EU als wertvollen potentiellen Absatzmarkt. Derzeit liegen die Produktionskosten von Biokraftstoffen in Brasilien bei etwa einem Drittel der Kosten in Europa (Henniges, 2007). Obwohl die in den letzten Jahren erlassenen Richtlinien und insbesondere der *Aktionsplan für Biomasse* eine stärkere Einbeziehung von Entwicklungsländern bei der Produktion von Biokraftstoffen vorsehen, hält die EU an ihrem hohen Importschutz für Biokraftstoffe fest. Der Importzoll für die Einführung von Biokraftstoffen beträgt derzeit 0,192 US Dollar pro Liter für Bioethanol. Hinzu addiert sich noch die Wertsteuer[22] (ad valorem tax) des jeweiligen Importlandes, die bei Ethanol nochmals bis zu 54% betragen kann. Die Schutzzölle für Biodiesel und Pflanzenöle liegen mit Werten zwischen 0 und 15% deutlich unter dem Niveau für Ethanol. Zollfrei einführen dürfen nur Länder, die unter die APS[23]-Regelungen fallen. Für Brasilien gilt diese Regelung beispielsweise nicht. Trotzdem exportiert Brasilien gewinnbringend Ethanol in die USA und EU[24].

Weltweit hatte sich der Handel von Ethanol von 3,2 Milliarden Litern in 2002 auf 7,81 Milliarden Liter im Jahr 2006 gesteigert. Der am meisten gehandelte Biokraftstoff auf dem internationalen Markt ist derzeit Ethanol aus brasilianischem Zuckerrohr. Die USA und Brasilien beherrschen etwa 90% des globalen Ethanolhandels (WGBU, 2008: 39). Das gehandelte Ethanol ist in den meisten Fällen vorverarbeitet. Auf Grund der wachsenden Nachfrage bietet

---

[22] Die Wertsteuer ist eine Steuer, die nicht von der gekauften Menge der Güter abhängt, sondern von seinem Wert. Sie werden in der Regel als prozentuale Aufschläge auf den Zollwert erhoben.

[23] APS bezeichnet die Allgemeinen Zollpräferenzen der EU. Im Zuge des APS werden Entwicklungsländer bei der Armutsbekämpfung unterstützt, indem ihnen ermöglicht wird, durch die Zollpräferenzen der EU vom internationalen Handel zu profitieren.

[24] Die wichtigsten Abnehmer von brasilianischen Ethanol waren die Niederlande und Schweden.

auch der Handel von Rohstoffen für die Ethanolproduktion zunehmend eine weitere Option.

Aber auch der Biodieselmarkt erfährt international eine immer größer werdende Bedeutung. Laut Prognosen soll vor allem der Handel mit Palmöl für die Biodieselproduktion rapide ansteigen. Wurden im Jahr 2001 noch etwa 18 Millionen Tonnen Palmöl global gehandelt, werden für das Jahr 2008/2009 eine Menge von 33,7 Millionen Litern prognostiziert (FAO/OECD, 2008). Auch die EU muss Palmöl in immer höher werdendem Maße importieren. Seit dem Jahr 2000 haben sich die Mengen nahezu verdoppelt und lagen im Jahr 2007 bei 3,6 Millionen Litern.

Aus diesem Grund steigt der Druck ein einheitliches Zertifizierungssystem einzuführen sowie den Handel mit Biokraftstoffen zu erleichtern. Insbesondere die Schwellenländer Brasilien, China und Indien kritisieren die protektionistische Haltung der EU und USA. Angesichts der immer noch ausstehenden Entscheidungen im Zusammenhang mit den im Juli 2008 erneut gescheiterten WTO-Verhandlungen, ist noch nicht absehbar, ob es zu einem Ausbau der Liberalisierung des Agrarhandels und damit zu einem Abbau der Importquoten und -zölle kommen wird (EurActive, 2007). Bisher konnte auch noch keine Einigung über eine klare Klassifizierung von Biokraftstoffen in multilateralen Handelsverträgen getroffen werden. Die Importstandards variieren von Land zu Land. Derzeit können Biokraftstoffe als industrielle oder landwirtschaftliche Güter gehandelt werden (Dufey, 2007). Die Handelsklassifizierung ist jedoch von essentieller Bedeutung für die Zollsenkungsverpflichtungen der Länder sowie für die nationalen Unterstützungssysteme (EurActiv, 2008). Brasilien hatte während der WTO-Verhandlungen gefordert, Biokraftstoffe neben Solarzellenplatten und Windturbinen auf die Liste der besonders schnell zu liberalisierenden Umweltgüter aufzunehmen. Dieser Vorschlag wurde von den USA und der EU jedoch mit der Begründung, die dafür benötigte Biomasse stamme nicht in allen Ländern aus nachhaltiger Produktion, abgelehnt (EurActiv, 2008).

Parallel zu den WTO-Verhandlungen führt die EU Gespräche mit dem MERCOSUL[25] über eine Freihandelszone. Dabei geht es vor allem um die Frage,

[25] Mercado Comun do Sul – Gemeinsamer Markt des Südens. Binnenmarkt der Lateinamerikanischen Staaten.

ob die europäischen Märkte für südamerikanische Ethanolproduzenten geöffnet werden.

Innerhalb der EU bestehen viele Kontroversen zu diesem Thema. Während der ehemalige EU-Außenhandelskommissar Peter Mandelson sich dafür aussprach große Mengen von Biokraftstoffen zu importieren statt die heimische Produktion mit ihrer schwachen Kohlenstoffbilanz zu stützen, sprechen sich die EU-Landwirte und EU-Genossenschaftsverbände COPA-COGECA strikt gegen eine Lockerung der Handelsschranken aus. Der Generalsekretär der Agrarlobbyisten Pekka Pesonen betonte, dass die EU sich nicht dem Beitrag von heimischen Landwirten zur nachhaltigen Energieversorgung verschließen solle, indem sie auf billige Importe aus Entwicklungsländern zurückgreife. Der EU-Energiekommissar Andris Piebalgs dagegen forderte, dass die in der EU erlassenen Biokraftstoffstandards keine unnötigen Hindernisse für den Handel schaffen sollten. Und auch der schwedische Handelsminister Sten Togfors sprach sich für eine Streichung der Zölle auf Biokraftstoffe aus: „Es ist nicht schlüssig Ethanolimporte zu versteuern, wenn wir ihre Verwendung verbreitern wollen.“ (BMLFUW, 2007). Der Verband der EU-Ethanolerzeuger (eBIO) hingegen warnte davor, die Zölle bei gleichzeitiger Aufhebung der Präferenzzugänge für Entwicklungsländer aufzuheben. Seiner Meinung nach würde damit nur den großen Produzentenländern der Marktzugang erleichtert. Nach einer Antisubventions- und Antidumpinguntersuchung der Kommission war im Juli 2008 die Einführung von Anti-Dumping-Zöllen für den Import von Biodiesel aus den USA beschlossen worden. Die Beschwerde war vom European Biodiesel Board (EBB) eingereicht worden, da durch den Verkauf von subventioniertem Biodiesel zu Dumpingpreisen aus den USA die Preise sanken und der Marktanteil der EU-Industrie geschrumpft war. Die Zölle schwanken zwischen 230 und 409 Euro pro Tonne und gelten für die kommenden fünf Jahre (EUROPA, 2008b).

Weltweit besteht immer größere Sorge darüber, dass die internationalen Handelssysteme noch nicht bereit sind, einen sinnvollen Konsens über den Handel mit Biokraftstoffen zu finden.

3. Ernährungssicherheit

Nachdem im ersten Kapitel bereits die wichtigsten Kritikpunkte der Biokraftstoffproduktion erläutert wurden und im zweiten Kapitel Bezug auf die aktuelle Debatte um die Nachhaltigkeit im Hinblick auf die Nahrungsmittelkrise genommen wurde, soll in diesem Kapitel auf die globalen Auswirkungen der gesteigerten Nachfrage nach Biokraftstoffen eingegangen werden. Besonderes Augenmerk wird dabei auf den Kritikpunkt der Konkurrenz zwischen der Produktion von Nahrungsmitteln und Rohstoffen zur Herstellung von Biokraftstoffen gelegt. Im Einzelnen soll herausgearbeitet werden, inwieweit die Nahrungsmittelkrise der Jahre 2007 und 2008 in direkter Verbindung mit dem Ausbau der Anbauflächen für Biokraftstoffe steht. Weltweit beschäftigen sich Institute und Organisationen mit der Frage nach den Ursachen der letzten Preisschwankungen bei Grundnahrungsmitteln wie Mais, Soja, Getreide, Reis, Milch und Fleisch. Eine Studie der OECD identifiziert Biokraftstoffe als einen der Hauptverursacher dieser Preissteigerungen. Dem Bericht des Weltbank-Ökonomen Donald Mitchell zufolge, sollen Biokraftstoffe sogar bis zu 65% verantwortlich für die jüngsten Preissteigerungen sein. Diskussionen über die Verantwortbarkeit der Produktion von Biokraftstoffen führen Nichtregierungsorganisationen gerne unter dem Label „Tank versus Teller". Jedoch darf nicht außer Acht gelassen werden, dass nicht nur die vermehrte Produktion von Biokraftstoffen zu den jüngsten Preissteigerungen bei Lebensmitteln geführt hat. Wie alle wirtschaftlichen Prozesse entwickeln sich die Preisschwankungen aus einem Geflecht von unterschiedlichen Faktoren. Darauf wird im folgenden Kapitel nun detailliert eingegangen.

3.1 Nahrungsmittelkrise

In den letzten beiden Jahrzehnten hatte die Armut weltweit immer weiter abgenommen. Es schien, als würden Unterernährung und Hunger einem Rückwärtstrend unterliegen (Nützenadel, 2009: 3). Auf den internationalen politischen Bühnen standen Probleme wie ethnische Konflikte, der Klimawandel oder die sich verknappenden Energieressourcen auf der Agenda. Mit dem Anstieg der Lebensmittelpreise und den daraus resultierenden Revolten in Ländern wie Haiti, Ägypten und Mexiko im Frühjahr 2008 rückte plötzlich ein weitgehend aus dem öffentlichen Bewusstsein verdrängtes Problem wieder ins Blickfeld: der Hunger. Vor den jüngsten Preisexplosionen im Jahr 2008 bezifferte die Welternährungsorganisation (FAO) die Zahl der hungernden Menschen auf 860 Millionen. Durch die Krise sind laut Schätzungen nochmals 70 bis 100 Millionen Menschen hinzu gekommen. Das noch 1990 von den Vereinten Nationen formulierte Millenniumsziel, die Armut und den Hunger bis zum Jahr 2015 zu halbieren, ist in weite Ferne gerückt. Und die bereits erzielten Erfolge wurden damit wider rückgängig gemacht. Wie am Beispiel von Haiti oder Mexiko zu sehen war, trugen die Verteilungskonflikte um Ressourcen und Nahrungsmittel darüber hinaus dazu bei, instabile Staaten zusätzlich zu destabilisieren und sie damit zu einem Problem der internationalen Sicherheit zu machen (BMELV, 2008: 8). Zu Beginn des Jahres 2009 verdrängte die globale Finanzkrise die Ernährungskrise aus den Schlagzeilen. Fragen, ob Bankguthaben und Renten noch sicher seien, oder ob eine Rezession drohe, bewegten die Menschen mehr als die Nahrungsmittelpreise. Dies ist nicht verwunderlich, da in den westlichen Ländern nur etwa ein Zehntel des Einkommens für Nahrungsmittel ausgeben wird (Herren, 2009: 9). Die Erhöhung der Lebensmittelpreise tangierten die Menschen in den westlichen Industrienationen weitaus nicht so schlimm wie die Menschen in den Entwicklungsländern, die bis zu 90% ihres Einkommens für Nahrungsmittel aufwenden müssen. Durch den rasanten Anstieg der Preise für Grundnahrungsmittel wie Reis, Mais und Getreide wurden viele Haushalte von einer ausreichenden Nahrungsmittelversorgung ausgeschlossen. Dabei herrscht global gesehen eigentlich Nahrungsmittelsicherheit. Es werden theoretisch genügend Lebensmittel produziert, um die Weltbevölkerung zu ernähren (Weltbank, 2008: 108).

Die unzureichende Versorgung mit Lebensmitteln entsteht meist nicht aus einem Mangel an zur Verfügung stehenden Nahrungsmitteln, sondern aus Armut (Adbulai, 2009: 162). Nach Angaben der FAO war im Zeitraum von 2002 bis 2007 ein Preisanstieg von 50% für Reis, 43% für Mais und 49% für Getreide zu verzeichnen. Insgesamt hatte sich der Preisindex für Lebensmittel zwischen 2002 und 2008 mehr als verdoppelt (FAO, 2008a).

Hinzu kommt ein Nachfrageboom der westlichen Industrienationen nach Biokraftstoffen, der die Preise für Nahrungsmittel weiter in die Höhe treibt. Jean Ziegler, der UN-Sonderbeauftragte für das Recht auf Nahrung, äußerte sich Ende 2007 in seinem Bericht sehr besorgt über die Situation. „Die schnelle

Idee, Nahrungsmittel wie Mais, Weizen, Zucker oder Palmen in Kraftstoff zu verwandeln, ist ein Rezept für ein Desaster", so Ziegler (Streck, 2007). Allerdings müssen auch Faktoren wie die zunehmende Ressourcenverknappung und klimatische Veränderungen berücksichtigt werden (Weltbank, 2008: 108). Damit endete 2007 eine fast dreißigjährige Periode rückläufiger Agrarpreise (Abdulai, 2009: 160).

Auf Grund der globalen Finanzkrise waren die Nahrungsmittelpreise nach dem Rekordhoch vom Juni in der zweiten Hälfte des Jahres 2008 wieder etwas zurückgegangen. Dennoch lag der Preisindex im März 2009 immer noch 18% über dem Niveau von Oktober 2006 (FAO, 2009).

Obwohl die Preise für Nahrungsmittel sich im Jahr 2009 erwartungsgemäß wieder etwas stabilisiert haben, wird eine Rückkehr auf das Preisniveau der 80er und 90er Jahre nicht erwartet. Darüber hinaus gibt die enge Bindung der Rohstoffpreise an den Ölpreis sowie ihre dadurch erhöhte Volatilität Grund zur Sorge.

Die Aufgabe der globalen Ernährungssicherung wird in immer stärker werdendem Maße von verschiedenen Zielkonflikten beherrscht, die stark von der jeweiligen Prioritätensetzung abhängen. Zur Auflösung der Konflikte müssen die vielfältigen Ursachen bedacht und mit verschiedenen Dimensionen in Einklang gebracht werden: die Notwendigkeit kurzfristiger Hilfsmaßnahmen mit dem Aufbau einer längerfristigen stabilen Nahrungsmittelversorgung in den Entwicklungsländern, der verstärkte Ausbau der Bioenergienutzung mit der Lebensmittelerzeugung, sowie die Produktivitätssteigerungen in der Landwirtschaft mit der Biodiversität.

Hier zeigt sich aufs Neue die Unerlässlichkeit des Zusammenspiels von Energie-, Umwelt-, Agrar-, Entwicklungs-, und Handelspolitik, um den Problemen der Ernährungssicherheit zu begegnen (BMELV, 2008: 8). Die meisten Ursachen von Hunger existieren seit vielen Jahrzehnten und wurden bereits eingehend untersucht und analysiert. Das Problem der verstärkten Biokraftstoffnutzung jedoch ist ein vergleichsweiser junger Faktor dieser Konfliktsituation.

Biokraftstoffkritiker und Nichtregierungsorganisationen warnen seit Jahren, dass die Verwendung von Nahrungsmittelpflanzen wie Mais, Weizen und Zuckerrohr die Preise auf dem Weltmarkt für Lebensmittel in die Höhe treiben könnte. Vor dem Hintergrund der steigenden Biokraftstoffproduktion sollen nun die Ursachen und Folgen der aktuellen Preisentwicklungen für die Ernährungssicherheit erörtert werden.

3.1.1 Ursachen der Nahrungsmittelkrise

Die Agrarmärkte der letzten Jahrzehnte waren geprägt von hohen Überschüssen und sinkenden Produzentenpreisen. Die Preise für Lebensmittel waren im letzten Jahrhundert auf ein Rekordtief gefallen. Eine Vielzahl von Faktoren beeinflusste die weltweite Nahrungsmittelsituation und die Preise von landwirtschaftlichen Produkten (Braun, 2008a). Der rapide Anstieg der Weltmarktpreise für landwirtschaftliche Erzeugnisse kann nicht auf einen bloßen Produktionseinbruch zurückgeführt werden. Obwohl die pro Kopf Produktion für Nahrungsmittel leicht gestiegen war, erhöhte sich der Preisindex vor allem im Jahr 2007 unverhältnismäßig. Die Gründe der Preisexplosionen bei Nahrungsmitteln sind ein komplexes Geflecht aus kurz- und langfristigen Entwicklungen. In den westlichen Industrienationen wurde die landwirtschaftliche Produktion durch hohe Agrarsubventionen künstlich am Leben gehalten, während in den Entwicklungsländern die heimischen kleinbäuerlichen Produzenten durch Exportsubventionen der westlichen Überschüsse vom Markt gedrängt wurden (Herren, 2009: 9). Investitionen in die Landwirtschaft und die ländliche Infrastruktur wurden vernachlässigt oder nur in unzureichendem Maße getätigt. Geringe Produktivität, ein Mangel an guter Regierungsführung sowie innere und regionale Konflikte verschärften die Situation in den Entwicklungsländern zusätzlich (BMELV, 2008: 11). Im Zuge der WTO-Regeln für die Liberalisierung des Welthandels wurden viele Länder des Südens gezwungen, ihre Märkte zu öffnen. Durch die Überschwemmung mit Importen von billigen Nahrungsmitteln aus dem Westen sind viele Entwicklungsländer von Nettolebensmittelexporteuren zu Nettolebensmittelimporteuren geworden. Aktuell benennt die FAO 82 Länder mit gravierenden Defiziten bei der Nahrungsmittelproduktion. Länder wie Haiti, die sich vor zwanzig Jahren noch selbst mit Reis versorgen konnten, müssen nun 80% ihres Bedarfs an Reis importieren. Viele Menschen in Haiti leben unterhalb der Armutsgrenze. Während der Nahrungsmittelkrise 2007/2008 verdoppelten sich dort die Reispreise. Im Zuge dieser Entwicklungen kam es zu Ausschreitungen und Hungerrevolten, infolgedessen auch der haitianische Premierminister zurücktreten musste (Wiggerthale, 2009: 18). Mit den gestiegenen Preisen für Nahrungsmittel, erhöhten sich in den letzten Jahren auch die Ausgaben für Nahrungsmittelimporte. Nach Angaben der FAO Statistic Division überschritten die weltweiten Nahrungsmittelimportkosten im Jahr 2007 555 Milliarden Euro. Für das Jahr 2008 wurde eine weitere Steigerung von 23% auf 708 Milliarden Euro prognostiziert (Hönicke, 2009: 20). Damit liegen die Importkosten derzeit auf dem höchsten Niveau seit Jahrzehnten (FAO, 2008b). Auf Grund dieser Entwicklungen und des fehlenden Ausbaus eines heimischen Agrarmarktes sind die Entwicklungsländer in besonderem Maße von Preisschwankungen auf dem Rohstoffmarkt betroffen. Die FAO erwartet für einige der Low Income Food Deficit Countries (LIFDC) einen Anstieg der Ausgaben um bis zu 60% (FAO, 2008b: 96). Zu den Ländern, die sich auf Grund der gestiegenen Lebensmittelpreise in einer Nahrungsmittelkrise befinden, zählt die FAO unter anderem Haiti, Liberia, Simbabwe, Sierra Leone, Kenia und Tadschikistan. Der überwiegende Teil der Länder, die sich in der Nahrungsmittelkrise befinden oder als besonders gefährdet eingestuft werden, liegen in Sub-Sahara Afrika (FAO, 2008a: 21). Wie bereits erwähnt, sind oder wurden ein Großteil dieser Länder Lebensmittelimporteure für Grundnahrungsmittel wie Reis, Mais und Weizen. Die gesteigerten Importkosten belasten die Haushalte der Entwicklungsländer in immer stärker werdendem Maße. Darüber hinaus mangelt es in vielen Ländern oftmals zusätzlich an politischen Maßnahmen, die die Krise abmildern könnten. Haushaltsreserven und soziale Sicherungsnetze, die eine Mindestversorgung der Bevölkerung mit Nahrung gewährleisten könnten, existieren zumeist nicht.

Weiterer Punkt im Geflecht der Ursachen für die Nahrungsmittelkrise ist der von der WTO geforderte Abbau der Lagerbestände von Getreide und Reis, da dies als Wettbewerbsverzerrung angesehen wird. In den Jahren 2000 bis 2007 überstieg die Nachfrage nach Getreide jeweils die Produktion, was im Ergebnis zu historisch niedrigen Lagerbeständen führte (Adbulai, 2009: 162). Wie aus Abbildung 2 hervorgeht verringert die EU bereits seit Beginn der neunziger Jahre im Zuge der GAP-Reform sowie der Uruguay-Runde des Allgemeinen Zoll- und Handelsabkommens (GATT) ihre Interventionsbestände. Momentan liegen die Lagerbestände auf dem niedrigsten Niveau seit 1947 (Fritz, 2008: 14). Zudem trägt die steigende Bioethanolproduktion zu den sinkenden Überschüssen in den wichtigsten Agrarexportländern bei.

Durch diese Entwicklungen wird der Markt in Zukunft noch größeren Preisschwankungen unterworfen sein sowie anfälliger für Krisen werden, da keine Puffer zum Abfedern von Krisen mehr vorhanden sind (BMELV, 2008: 10). Die FAO steht dieser Entwicklung kritisch gegenüber und äußerte Besorgnis im Hinblick auf erneute Versorgungsengpässe (FAO/OECD 2008: 63). In Verbindung mit dem Bevölkerungswachstum um jährlich 70 bis 80 Millionen und den Einkommenssteigerungen in Staaten mit hohem Wirtschaftswachstum hat dies eine stark wachsende Nachfrage nach Nahrungs- und Futtermitteln zur Folge.

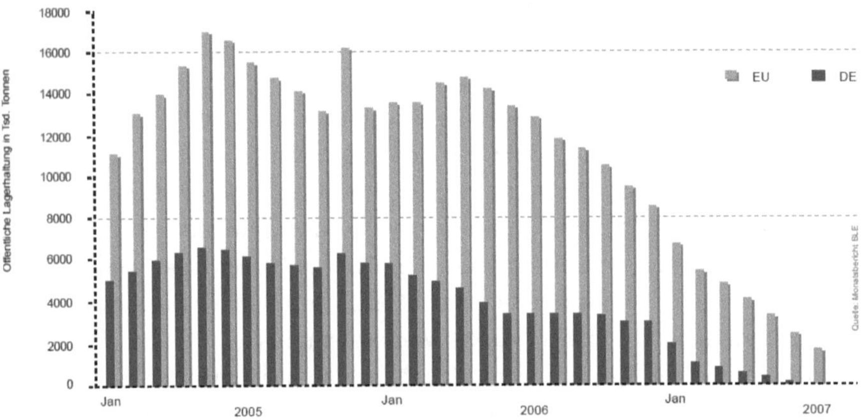

Abbildung 2: Interventionsbestände von Getreide in der EU und Deutschland (Öffentliche Lagerhaltung in Tsd. Tonnen) (Quelle: Poppinga, 2008 zitiert nach Fritz, 2008: 15)

Noch werden theoretisch genügend Nahrungsmittel produziert, jedoch hat die Weltgetreideproduktion in den letzten zehn Jahren eher stagniert und sich nicht wie erwartet dem Wachstum der Weltbevölkerung angepasst. Die FAO schätzt, dass sich der globale Bedarf an Agrarprodukten[26] bis 2015 jährlich um 1,6% erhöhen wird, danach wird mit einer Steigerung von 1,4% bis 2030 gerechnet. Damit müsste sich die landwirtschaftliche Produktion bis zum Jahr 2050 verdoppeln, um die bis dahin 9 Milliarden Menschen auf der Welt mit Nahrung versorgen zu können (BMELV, 2008: 11). Weiteren Druck auf die Nahrungsmittelversorgung übt die verstärkte Nachfrage aus den sich entwickelnden Schwellenländern wie China und Indien nach Fleisch und anderen

[26] Diese beinhalten Nahrungs- und Futtermittel sowie nachwachsende Rohstoffe.

tierischen Produkten aus. Durch den Einkommensanstieg und die fortschreitende Urbanisierung findet in diesen Ländern zusehends eine Verwestlichung der Essgewohnheiten statt. Derzeit leben erstmals in der Geschichte mehr Menschen in Städten als auf dem Land. Sie bevorzugen eiweißreiche tierische Nahrung, deren Herstellung einen hohen Bedarf an Futtermitteln mit sich bringt. Dies führt wiederum zu einer erhöhten Nachfrage nach Agrarerzeugnissen für Futtermittel in der Nutztierhaltung. In China nimmt beispielsweise der Fleischkonsum pro Jahr um etwa ein Fünftel zu (Bals, 2007). Damit hat sich dort der pro Kopf Fleischkonsum im Zeitraum von 1990 bis 2005 nach Angaben des IFPRI verdoppelt. Laut Angaben der FAO (FAO/OECD, 2008) werden 36% des jährlich produzierten Getreides für Futtermittel aufgewendet. In der EU beträgt der Anteil sogar 45% (Wiggerthale, 2009: 16). Jedes Jahr importiert die EU mehr als 32 Millionen Tonnen allein an Futtermitteln. Hinzu kommen zusätzliche Getreideimporte zur heimischen Herstellung von Futtermitteln.

Obwohl die Produktivität der Landwirtschaft durch technische Fortschritte in den westlichen Ländern gesteigert werden konnte, mussten prognostizierte Rekordernten teilweise wieder nach unten korrigiert werden (Bals, 2007). Neben Bodenverlusten durch Erosion, Versalzung und Wüstenbildung sowie Nährstoffverarmung durch Monokulturanbau, vermindert der Flächenverbrauch für Städte und Infrastruktur zusätzlich die weltweite Nutzfläche. Klimaveränderungen, Wetterbedingungen und die Verfügbarkeit von Wasser haben einen entscheidenden Einfluss auf die Menge der zur Verfügung stehenden Nahrungsmittel. So wird erwartet, dass es zu rapiden Ernterückgängen in den Tropen und Subtropen kommen wird. In Afrika könnten sich die Erträge in regenabhängigen Gebieten sogar um bis zu 50% reduzieren. Durch den Klimawandel bedingte Umweltkatastrophen wie Dürreperioden oder Überflutungen nehmen zusätzlich Einfluss auf die Produktion. Auf Grund klimatischer Veränderungen kam es in den letzten Jahren vor allem in Australien und der Ukraine zu Dürreperioden und Missernten. In den Jahren 2006 und 2007 wurden allein in diesen beiden Ländern, die weltweit zu den bedeutendsten Getreideexporteuren zählen, jährlich 10 Millionen Tonnen oder 4% der globalen Getreideexporte weniger geerntet. Große Produktivitätsfortschritte wie in früheren Jahren konnten in letzter Zeit auch nicht mehr erreicht werden. Gründe hierfür stellen stagnierende oder sogar rückläufige Investitionen in Forschung und Entwicklung im Landwirtschaftssektor sowie den nachgelagerten Bereichen des Nahrungsmittelsektors dar. Dies gilt für die westlichen Industrienationen, insbesondere jedoch für die Entwicklungsländer. Zusätzlich zur mangelnden technischen Entwicklung, fehlt es hier überwiegend am Ausbau geeigneter Lagerungsmöglichkeiten sowie an Investitionen in die Transport- und Kommunikationsstruktur, die als Grundvoraussetzung für einen effizienten Handel gelten (Brockmeier, 2008: 6). Erschwerend kommen die an den Ölpreis gekoppelten deutlich gestiegenen Kosten für Energie, Kraftstoff, Düngemittel und Pflanzenschutzmittel hinzu.

Spekulationen an der Rohstoffbörse spielten ebenfalls eine Rolle bei den Preiserhöhungen für Nahrungsmittel. Nachdem der Immobilienmarkt immer unsicherer wurde, verlagerten viele Finanzanleger ihre Spekulationen und Termingeschäfte auf die Rohwarenbörse (Fritz, 2008: 18). Der Abbau von marktregulierenden Maßnahmen, der schwache Dollarkurs, die niedrigen Renditen für alternative Finanzanlagen sowie die steigenden Rohstoffpreise stellten eine attraktive Option für die Anleger dar. Die Dynamik von Angebot und Nachfrage von Nahrungsmitteln auf dem Weltmarkt verschärfte den Druck auf die Preise weiter. Doch auch die hohen Energiepreise trugen zum Anstieg der Kosten von Agrarerzeugnissen bei. Im Jahr 2007 lagen die Energie- und Ölpreise auf einem Rekordhoch. Durch den globalen Handel sind die Preise von Energie und Agrarprodukten immer enger miteinander verbunden. Hohe Energiepreise bedeuten auch hohe Kosten für Produktion, Transport und die aus fossilen Rohstoffen hergestellten Düngemittel. Zusätzlich zu den hohen Energiekosten, wird der Anbau von Pflanzen zur Energiegewinnung in den USA und der EU hoch subventioniert. Damit wurde auch der Anreiz zur energetischen Nutzung von Agrarrohstoffen durchweg attraktiver und der Anbau von Energiepflanzen stieg kurzzeitig zu Lasten der Nahrungsmittelproduktion deutlich an. Der Benzinpreis beeinflusst damit maßgeblich die Preise von Ethanol, Mais und Zucker, ebenso wie der Dieselpreis Einfluss auf die Preise für Palm-, Soja- und Rapsöl nimmt (BMELV, 2008: 9). Betrachtet man nun noch die Hauptexporteure von Nahrungsmitteln wird klar, dass der Weltmarkt von wenigen Ländern bedient wird. 63% des Weltmarktanteils von Mais werden von den USA produziert, bei Reis entfallen 83% auf nur fünf Exportländer (Thailand, Vietnam, USA, Pakistan und Indien). Bei Weizen sieht die Verteilung ähnlich aus (Wiggerthale, 2009: 17). Viele der Exportländer, wie die USA und die EU, betreiben eine vehemente Biokraftstoffpolitik. Diese Politik kann dazu führen, dass die Produktion von Energienutzpflanzen zu Lasten der Nahrungsmittelproduktion geht. Das bekannteste Beispiel dafür war die sogenannte „Tortilla-Krise“ in Mexiko. Die USA gewinnt den Großteil ihres Bioethanols aus Mais. Im vergangenen Jahr wurden bereits 30% der gesamten Maisernte zu Bioethanol umgewandelt (Weltbank, 2008: 81). Maismehl als Grundlage für Tortillas ist in Mexiko wichtigstes Grundnahrungsmittel und deckt vor allem in der ärmeren Bevölkerungsschicht mehr als 60% der täglichen Kalorienzufuhr ab. Seit der Liberalisierung des Maismarktes in den neunziger Jahren ist Mexiko zu 80% von Maisimporten aus den USA abhängig. Durch die erhöhte Nachfrage nach Mais in den USA für die Produktion von Bioethanol stieg der Maispreis in den USA um 50%. Als Folge dieser Entwicklungen ging auch der Tortilla-Preis in Mexiko innerhalb weniger Monate um 150% in die Höhe (Wiggerthale, 2009: 19). Zu Beginn des Jahres 2008 hatten sich deshalb zehntausende Menschen in Mexiko-City versammelt, um gegen die Preisexplosion zu demonstrieren. Es wird davon ausgegangen, dass ein weiterer Ausbau der Biokraftstoffnutzung verstärkt Einfluss auf die Preise für bestimmte Agrarprodukte nehmen wird. Die OECD schätze in einem Gutachten aus dem Jahr 2008 den Preiseffekt der Bioenergienachfrage auf den Weizenpreis zwischen 2013 und 2017 auf 6%. Das IFPRI prognostizierte eine noch höhere Einflussnahme. Es errechnete einen aktuellen Einfluss des Biokraftstoffverbrauchs von 10% auf den Weizenpreis und von 20% auf den Maispreis (BMELV, 2008: 12).

Langfristig gesehen soll an dieser Stelle noch die Abnahme der Biodiversität sowie das Aussetzen der Verwendung von grundsätzlich nutzbarer Agrarfläche als eine der Ursachen, die zur Nahrungsmittelkrise geführt haben, genannt werden. Die Pflanzenzüchtung ist auf den Bestand von Wildpflanzen angewiesen, um durch Kreuzungen Kulturpflanzen ertragreicher zu machen und sie optimal an die klimatischen Bedingungen anzupassen. Ein Verlust der Biodiversität und damit die Verbreitung von nur wenigen Kulturpflanzen machen die Pflanzen anfällig für Schädlinge, und könnten im Falle einer Schädlingsplage zur akuten Verknappung des Nahrungsmittelangebotes beitragen. Darüber hinaus besteht grundsätzlich, trotz der klimabedingten Verluste von Flächen sowie des Verbrauchs von landwirtschaftlich nutzbarem Land, noch Potentiale zur Erweiterung. Die hohen Preise für landwirtschaftliche Produkte bieten derzeit einen Anreiz diese Flächenreserven zu mobilisieren, auch wenn dies erstmals mit hohen finanziellen Ausgaben verbunden ist.

Für die Nahrungsmittelkrise der Jahre 2007 und 2008 kann somit nicht nur eine dieser Entwicklungen als Ursache identifiziert werden, sondern das Zusammenspiel aller Faktoren. Die Ausweitung der Produktion von Biokraftstoffen trägt zwar zu einem wesentlichen Teil zu den Preisentwicklungen bei, kann jedoch nicht allein für die Preissteigerungen verantwortlich gemacht werden. Allerdings schätzen Experten, dass ohne den Boom von Biokraftstoffen eine drohende Nahrungsmittelverknappung noch kein Thema wäre.

3.1.2 Folgen der Nahrungsmittelkrise

Das Zusammenspiel der eben dargestellten Ursachen, die zur Erhöhung der Lebensmittelpreise beigetragen haben, hatte von Land zu Land verschiedene Auswirkungen. Wie bereits erwähnt kam es im Zuge der Preissteigerungen in mehr als 40 Ländern, vornehmlich in Afrika und Asien, zu teilweise blutigen Demonstrationen, Streiks und Hungerunruhen. In erster Linie profitieren die Nettolebensmittelexporteure von gestiegenen Rohstoffpreisen. Grundsätzlich bieten sich jedoch auch Produzenten von landwirtschaftlichen Produkten, die in den ländlichen Räumen der Entwicklungsländer leben, Chancen durch die Preissteigerungen. So könnten Kleinbauern durchaus höhere Profite erzielen, wenn sie für den Markt produzieren. Voraussetzung hierfür sind stabile Produktionskosten, günstige politische Rahmenbedingungen und, falls nötig, Zugang zu finanziellen Ressourcen um Saatgut zu kaufen oder Landflächen hinzu zu pachten. Da diese Voraussetzungen jedoch in den meisten der LIFDCs nicht gegeben waren, konnte eher eine genau gegenteilige Tendenz beobachtet werden. Durch die gestiegenen Inputkosten wurden die Anbauflächen von kleinbäuerlichen Betrieben eher verkleinert als vergrößert. Damit wurden die Angebotsmengen auf den lokalen Märkten, besonders in den ländlichen Regionen, kurzfristig weiter verringert und steigerten damit die Preise von Nahrungsmittel noch zusätzlich (BMELV, 2009: 13). Die Nettolebensmittelimporteure – hauptsächlich auf dem afrikanischen Kontinent - gehörten auf Grund der ungünstigen Voraussetzungen zu den klaren Verlierern der Nahrungsmittelkrise. Wie bereits erwähnt, wurden viele Entwicklungsländer im Zuge der Liberalisierung von Nettoexporteuren zu Nettoimporteuren. Durch die billigen und subventionierten Lebensmittelimporte aus den USA und der EU sanken die Preise auf den heimischen Märkten auf ein Niveau, mit dem die lokalen Anbieter nicht mithalten konnten. Investiert wurde nur in die exportorientierte Produktion. Aktuell benennt die FAO 82 Länder mit gravierenden Defiziten bei der Nahrungsmittelproduktion. Darunter fallen 40 der am wenigsten entwickelten afrikanischen Länder, die immer abhängiger von Lebensmitteleinfuhren zur Versorgung ihrer Bevölkerung werden (Brot für die Welt, 2009: 30). Die Erhöhung der Preise bei Agrarerzeugnissen bedeutete für diese Länder einen Rückgang der Deviseneinnahmen und einen Anstieg der Ausgaben. Um den Bedarf an Lebensmittel zu decken, müssen als Folge entweder erheblich mehr finanzielle Mittel bereitgestellt oder die Importe eingeschränkt werden. Damit geraten die ohnehin fragilen Handelsbilanzen dieser Länder in eine noch größere Schieflage. Beide Maßnahmen bedeuten zudem höhere Lebenshaltungskosten für die Verbraucher. Besonders betroffen von diesen Entwicklungen sind diejenigen Bevölkerungsschichten, die sich schon in einer prekären Ernährungslage befinden. Für sie wirken sich Preisschwankungen direkt auf die Grundversorgung aus. Höhere Preise führen oft zu Einschränkungen oder weniger ausgewogener Kost. Die Folgen sind Hunger und Mangelernährung (Abdulai, 2009: 162).

Im Zuge der Versorgungskrise ergriffen die einzelnen Nationalstaaten unterschiedliche Maßnahmen, um die Versorgungssicherheit ihrer Bevölkerung weiterhin zu gewährleisten und den Druck durch die Preissteigerung möglichst gering zu halten. Die exportierenden Staaten erließen Ausfuhrbeschränkungen. Eine andere Option war die Festsetzung einer Höchstgrenze für die Lebensmittelpreise oder eine Kombination aus beiden Maßnahmen (von Braun, 2008a). China beispielsweise reagierte auf die aktuellen Entwicklungen mit einem Exportverbot für Reis und Mais und Indien untersagte die Ausfuhr von Milchpulver. Importierende Länder reagierten mit dem Abbau ihrer Importzölle oder Steuern. In Marokko wurde beispielsweise der Einfuhrzoll für Weizen von 130% auf 2,5% gesenkt. Teilweise wurden auch die Subventionsprogramme oder sozialen Sicherungssysteme weiter ausgebaut. Dies belastete die öffentlichen Haushalte jedoch zusätzlich und gefährdete das Wirtschaftswachstum sowie die gesamte Entwicklung in anderen Bereichen (BMELV, 2008: 14). Die protektionistischen Maßnahmen schufen anfangs Erleichterung auf den nationalen Märkten, verstärkten aber gleichzeitig den Druck auf dem Weltmarkt, da sich die zur Verfügung stehende Menge an

Nahrungsmitteln weiter verringerte. Darüber hinaus schadeten die politischen Maßnahmen den Handelspartnern, die von den Importen abhängig waren (von Braun, 2008b: 5). Die eingeführten Preiskontrollen und die damit einhergehenden reduzierten Preise boten zudem den Produzenten von Agrarerzeugnissen wenig Anreiz, die Produktion zu erhöhen.

Abhilfe schaffen könnten Investitionen in die Landwirtschaft oder die agrarische Infrastruktur. Die hohen Preise für landwirtschaftliche Produkte erzeugen Anreize. Leider findet dieser Aufschwung bislang hauptsächlich in den westlichen Industrienationen statt (Schneider, 2009: 40). In den Entwicklungsländern kann eher ein Abschwung verzeichnet werden. Zwischen 2007 und 2008 stieg die Getreideproduktion in den westlichen Ländern um 11%, in den Entwicklungsländern nur um 0,9%. Zieht man von diesen Berechnungen noch die Schwellenländer Brasilien, China und Indien ab, ergibt sich sogar ein Negativwachstum der Getreideproduktion von 1,6% (FAO/OECD, 2008).

Besonders kritisch ist in diesem Zusammenhang die Tatsache zu bewerten, dass sich reiche Länder mit knappen Boden- und Wasserressourcen zunehmend landwirtschaftliche Nutzfläche in Entwicklungsländern kaufen oder pachten (Schneider, 2009: 42). Das sogenannte Offshore Farming hat zum Ziel, die Ernährungssicherheit trotz der steigenden Nachfrage nach Agrarerzeugnissen langfristig zu sichern. Innerhalb kürzester Zeit haben sich Regierungen vornehmlich aus dem Mittleren Osten und aus Nordafrika sowie private Investoren Konzessionen über hunderttausende Hektar Land in Afrika gesichert (vgl. ebd.). Auch wenn Investitionen in die Landwirtschaft grundsätzlich als positiv zu bewerten sind, besteht die Gefahr, dass bei den Entwicklungsländern durch die exportorientierte landwirtschaftliche Entwicklung eine angemessene Versorgung der eigenen Bevölkerung auf der Streckte bleibt.

Auf Grund der steigenden Zahl von Menschen, die sich nicht mehr selbst versorgen konnten, sah sich die internationale Staatengemeinschaft gezwungen zu handeln. Eine von den Vereinten Nationen eingesetzte *High-Level Task Force on Hunger* sollte unter der Führung von UN-Generalsekretär Ban Ki-moon und dem Generaldirektor der FAO Jacques Diouf sowie unter Mitwirkung verschiedener UN-Unterorganisationen Lösungsvorschläge für eine neue Welternährungspolitik und Maßnahmen gegen die Nahrungsmittelkrise erarbeiten (Buntzel, 2008). Die G8-Staaten hatten im Zuge der Entwicklungen zehn Milliarden Dollar zur schnellen Krisenbewältigung zugesagt. Auf dem

Welternährungsgipfel im Juni 2008 stand die Frage nach der Ernährungssicherheit ebenfalls ganz oben auf der Agenda, und es wurde über Unterstützungsmaßnahmen auf kurz-, mittel- und langfristiger Ebene diskutiert. Viele Nationalstaaten hatten eigene Programme zur Ernährungssicherheit und Entwicklung der Agrarpolitik entworfen und boten große Summen an Soforthilfe an. Die Reaktion der EU auf die Nahrungsmittelkrise wird im Folgenden gesondert dargelegt.

Ende des Jahres 2008 entspannte sich die Lage ein wenig und die Lebensmittelpreise sanken auf Grund einer hohen Getreideernte wieder etwas ab. Zudem hatte die Finanzkrise einen Abwärtstrend bei Öl- und Getreidepreisen eingeleitet (Abdulai, 2009: 162). Internationale Experten bezweifeln jedoch, dass sich die Preise wieder auf das Preisniveau vor der Krise einpendeln. Darüber hinaus wird die erhöhte Volatilität der Preise bestehen bleiben und damit mehr Menschen in den Entwicklungsländern der Unterernährung aussetzen. FAO und OECD rechnen mit einem durchschnittlichen Preisanstieg um 20% bei Rind- und Schweinefleisch, um 30% für Zucker, um 40 bis 60% bei Weizen, Mais und Milchpulver sowie um 80% bei pflanzlichen Ölsaaten (FAO/OECD, 2008: 11).

Mitte 2009, neun Monate nach Ausbruch der globalen Wirtschaftskrise, warnte nun die FAO erneut vor dem Konflikt zwischen Biokraftstofferzeugung und Lebensmittelproduktion. In einem Interview mit der Süddeutschen Zeitung mahnte der beigeordnete FAO-Generaldirektor Alexander Müller: "Die Konkurrenz verschärft sich wieder deutlich“ (Gammelin, 2009). Auf Grund des seit Jahresbeginn um 67% gestiegenen Ölpreises werden derzeit wieder verstärkt landwirtschaftliche Flächen zum Anbau von Energiepflanzen für die Biokraftstoffherstellung genutzt. Dadurch haben sich die Lebensmittel erneut verteuert (Gammelin, 2009).

Die Energieinformationsbehörde der USA geht indessen davon aus, dass sich die globale Energienachfrage zwischen 2003 und 2030 um 70% erhöhen wird (Brot für die Welt, 2009: 30). Daher wird auch ein weiterer Anstieg des Erdölpreises erwartet, der im Gegenzug auch die Nachfrage nach Biokraftstoffen weiter ansteigen lassen wird. Durch die Wertsteigerung und die finanziellen Anreize werden Landwirte verstärkt in die Produktion von Agrarerzeugnissen für Biokraftstoffe einsteigen. Statt mehr Nahrungsmittel zu produzieren, um die Lagerbestände wieder aufzufüllen, werden mehr Erzeugnisse für Biokraftstoffe angebaut, was wiederum den Weltmarktpreis für Lebensmittel in die Höhe treibt. Mit dieser Entwicklung geht die Konkurrenz um die Ackerflächen für Nahrungsmittel und Biokraftstoffe einher. Die Preisspirale schraubt sich immer weiter nach oben. Besonders betroffen sind Entwicklungsländer, die Lebensmittel und fossile Energieträger importieren müssen. Laut IFPRI wird der Boom von Biokraftstoffen die Nahrungsmittelpreise auf lange Sicht beeinflussen. Bis zum Jahr 2020 würden bei Bestand der aktuellen Fördervorschriften die Preise für Ölsaaten um 18% und für Mais um 26% im Vergleich zum Jahr 2007 steigen (von Braun, 2008b: 4). Diese Preissteigerungen würden die Versorgung der armen Bevölkerungsschichten weiter verschlechtern.

Auf der anderen Seite jedoch ist der Boom von agrarischen Erzeugnissen auch eine Chance für wirtschaftliches Wachstum von Kleinbauern. Durch die höheren Preise, die mit Lebensmitteln im Moment erzielt werden, könnten die Bauern dazu gebracht werden, verstärkt zu investieren und zu produzieren (Brot für die Welt, 2009: 30). Wie bereits erwähnt bleibt allerdings dahingestellt, ob Kleinbauern wirklich davon profitieren können, da der internationale Markt stark auf großflächige Produktion ausgelegt ist und stark von stabilen politischen und wirtschaftlichen Rahmenbedingungen abhängt.

3.2 Flächenkonkurrenz

Ein wichtiger Bestandteil in der Debatte um die Ernährungssicherheit ist die Flächenkonkurrenz. Weltweit wächst der Druck landwirtschaftliche Flächen zum Anbau von Nahrungsmitteln, Tierfuttermitteln und Energiepflanzen auszuweiten (Bringezu, 2008). Damit erhöht sich auch die Besorgnis, dass bei einem massiven Ausbau der Biomassengewinnung für Biokraftstoffe die Flächenpotentiale nicht ausreichen, wenn man die Nahrungsmittelversorgung für die wachsende Bevölkerungszahl sowie den Naturschutz berücksichtigt. Historisch gesehen sind Flächenkonkurrenzen kein neues Phänomen. Bei hoher Bevölkerungsdichte und viel Bedarf an Biomasse, wie Holz zum heizen oder Getreide für die Viehhaltung, kam es regional immer wieder zu Nutzungskonkurrenzen von Flächen. In der Regel wurden diese Konkurrenzen zu Lasten der Umwelt und Biodiversität gelöst. Da die Flächen jedoch nicht unbegrenzt erweiterbar sind und das Bevölkerungswachstum stetig zunimmt, wird eine Zeit kommen, da eine ausreichende Nahrungsmittelversorgung nicht mehr gewährleitstet werden kann. Flächenintensive Ernährungsmuster der westlichen Industrienationen sowie die veränderten Essgewohnheiten in den Schwellenländern verschärfen derzeit die globalen Flächennutzungskonkurrenzen. Der steigende Ölpreis und die damit einhergehende Attraktivität von Biokraftstoffen erhöht die Konkurrenz zwischen Nahrungsmittel- und Energiepflanzenanbau zusätzlich. Eine Flächenkonkurrenz kann direkt oder indirekt erfolgen. Direkte Flächenkonkurrenz entsteht, wenn ein pflanzlicher Rohstoff zu verschiedenen Endprodukten verarbeitet werden kann. Mais beispielsweise dient als Grundnahrungsmittel in vielen lateinamerikanischen Ländern. Er wird aber auch als Futtermittel verwendet, zur Bioethanolherstellung und bietet die Grundlage für die Stärkeherstellung in der chemischen Industrie genutzt. Eine indirekte Flächenkonkurrenz liegt vor, wenn verschiedene Rohstoffe dieselben Anbauflächen beanspruchen.

Global gesehen haben sich in den letzten 300 Jahren die Ackerflächen um 460% und das Weideland um 560% vergrößert. Während der letzten 40 Jahre ist die landwirtschaftliche Nutzfläche um nahezu 500 Millionen Hektar angewachsen. Nach Schätzungen wird eine Umwandlung von weiteren 500 Millionen Hektar bis 2020, vornehmlich in Lateinamerika und Afrika südlich der Sahara, erfolgen (WGBU, 2008: 51).

Trotzdem hat sich die pro Kopf zur Verfügung stehende landwirtschaftliche Nutzfläche innerhalb der letzten 30 Jahre von 0,8 Hektar auf 0,25 Hektar pro Person verkleinert (Brot für die Welt, 2009: 16). Derzeit stehen für die Ernährung der Weltbevölkerung fünf Milliarden Hektar Fläche zur Verfügung. Die FAO prognostiziert einen zusätzlichen Flächenbedarf von 120 Millionen Hektar bis zum Jahr 2030, um eine ausreichende Nahrungsmittelversorgung der wachsenden Weltbevölkerung sicher zu stellen (WGBU, 2008: 51). Dennoch würde sich die pro Kopf Nutzfläche um ein Fünftel im Vergleich zu 2004 verringern (Bringezu/Schütz, 2008: 2). Bis zum Jahr 2050 soll nach Schätzungen die Bevölkerung der Erde auf 9,3 Milliarden anwachsen, dies wird die zur Verfügung stehende Ackerfläche weiter begrenzen. Obwohl derzeit die Flächen- und Produktionspotentiale noch nicht ausgeschöpft sind, ergeben sich dennoch schon jetzt große Herausforderungen für die Anbauländer.

Jedes Jahr gehen circa zehn Millionen Hektar Anbaufläche durch Erosion, verursacht durch nicht nachhaltige Bewirtschaftung, verloren. Übersalzung durch falsche Bewässerung verringert die Fläche jährlich um weitere 10 Millionen Hektar (Herren, 2009: 11). Obwohl sich die landwirtschaftliche Produktivität stark erhöht hat, stehen dennoch weniger Anbauflächen zur Verfügung. Hinzu kommen schwindende Süßwasservorkommen und ein im Verhältnis zum Bevölkerungswachstum zu gering eingeschätzter Produktionsfortschritt in der Landwirtschaft. Der Klimawandel wird in vielen Regionen die Anbaumöglichkeiten in der Landwirtschaft noch weiter verringern (Lindhauer, 2008: 18). Die FAO hat berechnet, dass bis zur zweiten Hälfte unseres Jahrhunderts weite Ackerflächen als Folge der Klimaerwärmung nicht mehr landwirtschaftlich nutzbar sein werden (FAO, 2005). Darüber hinaus reduzieren die zunehmende Urbanisierung und der Ausbau der Infrastruktur potentielle Agrarflächen. Besonders die Länder Asiens haben jetzt schon mit Landknappheit zu kämpfen (Weltbank, 2008: 72). Flächenpotentiale bestehen noch in Südamerika, Nordamerika, der Ukraine und Russland. Allerdings müssten diese Flächen mit hohem finanziellem Aufwand kultivierbar gemacht werden, was zu Lasten der Umwelt und der biologischen Vielfalt gehen könnte (Schug, 2009: 48).

Unter Berücksichtigung der beschränkten Verfügbarkeit von landwirtschaftlichen Nutzflächen ergibt sich aus der steigenden Flächennachfrage für den Anbau von Energiepflanzen weltweit eine Zunahme von Nutzungskonflikten (Rösch et al, 2008). Die ehrgeizigen Zielvorgaben der Industrieländer für die Beimischung von Biokraftstoffen können nicht durch eine heimische Produktion abgedeckt werden (Brot für die Welt, 2008: 29). Die EU müsste, um das Beimischungsziel von 10% bis 2020 zu erreichen, 50 bis 70% ihrer zur Verfügung stehenden Anbaufläche mit nachwachsenden Rohstoffen bepflanzen. In den USA müsste die gesamte Mais- und Sojaernte zu Biokraftstoffen verarbeitet werden. Ohne massive Importe werden diese Ziele in der EU und den USA nicht erreicht werden. Aus diesem Grund wird deren Flächenbedarf zwangsläufig ins Ausland verlagern. Agrarschwellenländer reagieren auf diese Entwicklungen. So möchte Brasilien beispielsweise bis zum Jahr 2025 einen Anteil von 10% des Weltverbrauchs von Biokraftstoffen zur Verfügung stellen (Brot für die Welt, 2008: 29). Die großflächige Auslagerung des Anbaus von nachwachsenden Rohstoffen kann in diesen Ländern jedoch zu massiven ökologischen und sozialen Problemen führen, beispielsweise wenn Regenwälder abgeholzt und Sümpfe trocken gelegt werden oder die Lebenshaltungskosten steigen (Rösch et al, 2008).

Während die FAO und IFPRI die Ausweitung der Produktion von Agrarerzeugnissen für Biokraftstoffe kritisch sehen, legen Unternehmen, Investoren und Regierungen Gutachten und Studien vor, die den Ausbau der Produktion als Wachstumspotential und ernährungstechnisch unbedenklich darstellen. Die USA beispielsweise beanspruchen schon jetzt immer mehr Anbauflächen für Energiepflanzen auf Kosten von Weizen und anderen Nahrungsmitteln (Herren, 2008: 11). Die gestiegenen Lebensmittelpreise wirken sich somit auch auf die Bodenpreise aus. Kleinbauern können sich die Zupachtung von Land nicht mehr leisten oder werden von ihren Feldern vertrieben (Fritz, 2009: 11). Der zunehmende Bedarf von Futtermitteln für den Fleisch- und Milchkonsum der Schwellenländer übt zusätzlichen Druck auf die Anbauflächen aus.

3.3 Reaktionen der EU auf die Nahrungsmittelkrise

Die internationale Staatengemeinschaft, die EU sowie die einzelnen Nationalstaaten reagierten zu Beginn des Jahres 2008 mit umfassenden Hilfsprogrammen, um die akuten Auswirkungen der Nahrungsmittelkrise zu lindern. Die Strategien zur Verbesserung der Lage in den Entwicklungsländern umfassten zum einen kurzfristige Maßnahmen, um die akute Not zu lindern, humanitäre Hilfe zu leisten und die Beruhigung der Agrarmärkte einzuleiten. Zum anderen wurden mittel- bis langfristige strukturelle Maßnahmen beschlossen, um die landwirtschaftliche Produktion durch Stärkung der wirtschaftlichen, sozialen und technologischen Sektoren zu erhöhen.

Im Mai 2008 legte die EU-Kommission ihre Drei-Punkte-Strategie vor. Als kurzfristige Maßnahme war eine Generalüberprüfung der GAP geplant. Darüber hinaus sollte die Überwachung der Einzelhandelssektoren in Einklang mit den Wettbewerbs- und Binnenmarktregeln gebracht werden. Längerfristig sollten Maßnahmen zur Verbesserung des Angebots der Landwirtschaft, der Förderung der Nachhaltigkeitskriterien für Biokraftstoffe und der Entwicklung von Biokraftstoffen der zweiten und dritten Generation sowie der Stärkung der Agrarforschung ergriffen werden (EUROPA, 2008). Darüber hinaus setzte sich die Kommission für eine offenere Handelspolitik gegenüber den Entwicklungsländern ein, um ihnen Zutritt zum EU-Markt zu gewähren. Die Bemühungen werden kontinuierlich mit den Vereinten Nationen und den G8-Staaten abgestimmt.

Kommissionspräsident José Manuel Barroso äußerte sich zu den politischen Maßnahmen zur Milderung der Nahrungsmittelkrise im Mai des vergangen Jahres:

> "Die Europäische Union hat auf den plötzlichen Anstieg der Lebensmittelpreise rasch reagiert. Wir haben es hier mit einem Problem zu tun, dass zahlreiche Ursachen und vielfältige Folgen hat. Deshalb müssen wir an mehreren Fronten gleichzeitig handeln. Die möglichen politischen Maßnahmen, die wir heute vorlegen, ergänzen die bereits eingeleiteten Maßnahmen. Die Kommission fordert die Mitgliedstaaten auf, mit einer europäischen Stimme auf diese weltweite Herausforderung zu antworten. Wir werden unser Konzept mit unseren Partnern in den VN und der G8 abstimmen" (Europäische Kommission, 2008b).

Um den Sofortbedarf an Hilfsleistungen zu decken, wurden finanzielle Mittel in Höhe von einer Milliarde Euro zugesagt. Darüber hinaus stellte die EU 3,4 Milliarden Euro, verteilt über sechs Jahre, für Programme zur landwirtschaftlichen Entwicklung bereit. Die Finanzmittel wurden an internationale Organisationen wie die FAO, IFAD, WEP, Weltbank und UNDP übergeben, die diese dann für gezielte Projekte einsetzen konnten (EUROPA, 2008). Die Kommission schlug vor, die Mittel für die Soforthilfe aus ungenutzten Agrarsubventionen der EU zu nehmen. Dies wurde von den Mitgliedsstaaten mit dem Verweis auf die Wirtschaftskrise abgelehnt. Unter den Mitgliedsstaaten herrschte zunächst Uneinigkeit, ob der Beitrag zur Nahrungsmittelkrise nicht aus bestehenden Budgets der Entwicklungszusammenarbeit bestritten werden könnte. Letztlich einigten sich die Kommission, das Parlament und der Rat auf die Bereitstellung von zusätzlichen 760 Millionen Euro für die Nahrungsmittelhilfe. Die restlichen 240 Millionen Euro sollen durch die Umschichtung von Fonds freigesetzt werden (EurActiv, 2008).

Auch wenn die Auswirkungen innerhalb der EU bei weitem nicht so gravierend waren wie in den Entwicklungsländern, trugen die steigenden Rohstoffpreise dennoch zu einem leichten Anstieg der Nahrungsmittelpreise bei. Allerdings wurden die Preisanstiege durch die Euro-Aufwertung hierzulande stark abgefedert. Betroffen waren hauptsächlich einkommensschwache Familien. Getreidebauern profitierten von den gestiegenen Preisen, während in der Viehhaltung deutlich mehr Geld in Futtermittel investiert werden musste (Europäische Kommission, 2008b).

Um den Anstieg der Lebensmittelpreise innerhalb der EU möglichst gering zu halten, schlug die Agrarkommissarin Mariann Fischer Boël im Zuge des sogenannten *Gesundheitschecks*[27] der GAP verschiedene Maßnahmen vor. Unter anderem wurde empfohlen, die Stilllegungsflächen der EU abzuschaffen, die Milchquote für 2008 wieder zu steigern, die Sicherheitsvorräte an Getreide zu reduzieren und die Exportmittel zu senken sowie die Importzölle für alle Getreidesorten aufzuheben (EurActiv, 2008).

Des Weiteren bekräftigte die EU-Agrarkommissarin das Fortbestehen der EU Agrarsubventionen bis zum Jahr 2013. Auch in Bezug auf die Biokraftstoffpolitik plädierte Fischer Boël für das Festhalten an dem 10%igen Beimischungsziel. Laut Aussage der Kommissarin könnte die EU ihre Vorgaben erreichen, ohne viel Druck auf die Lebensmittel- und Futtermärkte auszuüben (EurActiv, 2008). Allerdings sprach sich die Kommission dafür aus, die Subventionen für Biokraftstoffe der ersten Generation zu senken und die finanziellen Mittel dafür in die Förderung von Biokraftstoffen der zweiten und dritten Generation zu investieren. Außerdem wurde im Dezember 2008 die *Richtlinie über Erneuerbare Energien* verabschiedet, die eine strikte Nachhaltigkeitsklausel enthält.

3.4 Zwischenfazit

Das westliche Modell der Agrarpolitik gerät global immer mehr unter Kritik. Vor allem die WEP, die Weltbank, die FAO und das IFPRI fordern eine grundlegende Agrarreform, um die landwirtschaftliche Produktion in den Entwicklungsländern zu steigern und damit eine nachhaltige Ernährungssicherheit zu gewährleisten. Zu erreichen wäre dies hauptsächlich durch Maßnahmen wie Investitionen in die Infrastruktur, Technologietransfer, eine gleichberechtigte Integration der Entwicklungsländer in den weltweiten Warenaustausch sowie ein Überdenken der Biokraftstoffpolitik und der Agrarsubventionen der westlichen Länder.

Auf Grund der Entwicklungen kann nicht davon ausgegangen werden, dass die Nahrungsmittelkrise den Reformprozess der GAP tiefgreifend beeinflusst hat. Von Seiten der UNO wurde unterdessen verlangt, die Subventionsprogramme für Biokraftstoffe zurückzustellen oder zu verringern. Obwohl von

---

[27] Überarbeitung der Gemeinsamen Agrarpolitik

hohen Stellen gefordert, hat die EU ihre Importrestriktionen für landwirtschaftliche Erzeugnisse aus Entwicklungsländern nicht ausgesetzt. Angesichts der schwindenden Lagerbestände von Getreide und den steigenden Preisen für Lebensmittel sollte der Anbau von Energiepflanzen nicht in Konkurrenz zu Nahrungsmittelpflanzen treten (Schneider, 2009: 43).

Kritik ernteten die Europaabgeordneten auch von Jeffery Sachs, dem Sonderbeauftragten und Berater des UN-Generalsekretärs. Sachs sprach sich gegen bloße Lebensmittelhilfen aus und forderte stattdessen Unterstützung beim Aufbau einer stabilen Landwirtschaft in den Entwicklungsländern.

Die Frage nach den exakten Auswirkungen des Biokraftstoffbooms auf die Ernährungssicherheit kann jedoch noch nicht eindeutig beantwortet werden. Die Antwort hängt stark von den zukünftigen Entwicklungen ab. Langfristig gesehen birgt die gesteigerte Nachfrage der Industrienationen nach Biokraftstoffen eine potentielle Exportquelle. Durch den Anstieg der Biokraftstoffproduktion eröffnen sich den Landwirten in Schwellen- und Entwicklungsländern neue Erwerbschancen; somit könnte der Beitrag der Landwirtschaft zum Wirtschaftswachstum gestärkt werden. Dies hängt jedoch stark vom Willen der Industrienationen ab, politische Barrieren, wie inländische Subventionen für Biokraftstoffe oder Importzölle, zu beseitigen (Abdulai, 2009: 163)

4. Biokraftstoffe und Nahrungsmittelproduktion – Fokus Brasilien

Weltweit nimmt Brasilien in Produktion und Verbrauch von Biokraftstoffen eine Vorreiterrolle ein. Durch seine langjährige Erfahrung im Bereich der Biokraftstoffherstellung stehen im Vergleich zu anderen Ländern mit einer großflächigen Biokraftstoffproduktion mehr Daten zur Verfügung, um die Auswirkungen und Folgen auf die Ernährungssicherung zu untersuchen. Experten sehen in Brasilien das Land mit dem größten Flächenpotential für den Energiepflanzenanbau, jedoch müssen in diesem Zusammenhang die Folgen für die wertvollen Ökosysteme und die Bevölkerung berücksichtigt werden. Trotz seines rasanten Wirtschaftswachstums und der Bedeutung als Agrarexportnation wird Brasilien immer noch als Entwicklungsland eingestuft.

Ziel dieses Kapitels ist es, die Auswirkungen des vermehrten Biokraftstoffanbaus in Brasilien auf die Nahrungsmittelproduktion des Landes zu untersuchen. Da Studien, die sich mit diesem Zusammenhang beschäftigen, noch nicht existieren, erfolgt die Analyse über die Entwicklung der Anbauflächen und Produktionsmengen, um sie anschließend mit dem Bevölkerungswachstum zu vergleichen. Zunächst soll die Bedeutung des Agrarsektors in Brasilien veranschaulicht werden. Im Anschluss daran werden die staatlichen Programme zur Förderung von Biokraftstoffen erläutert. Dies geschieht vor der Behandlung der eigentlichen Fragestellung, da die Förderprogramme und die damit verbundene Ausweitung der Ethanol- und Sojaproduktion zur Biokraftstoffherstellung Einfluss auf die landwirtschaftlichen Strukturen des Landes genommen haben. Am Ende des Kapitels werden die wirtschaftlichen Verflechtungen und Abhängigkeiten zwischen Brasilien und der EU erörtert. Dadurch wird die Wechselbeziehung der EU-Biokraftstoffpolitik und der Agrarwirtschaft Brasiliens verdeutlicht. Die der Arbeit zu Grunde liegenden Daten beruhen auf den aktuellsten Statistiken des brasilianischen Landwirtschaftsministeriums (MAPA) und des Statistikinstituts (IBGE).

4.1 Der brasilianische Staat

Brasilien ist flächen- und bevölkerungsmäßig der fünftgrößte Staat der Erde und mit seinen 198 Millionen Einwohnern das bevölkerungsreichste Land in Lateinamerika. Seine Fläche von 8,5 Millionen Quadratkilometern nimmt 47%

des südamerikanischen Kontinents ein. Wirtschaftlich betrachtet ist es das wichtigste Schwellenland in Südamerika. Innerhalb der letzten fünf Jahre hat sich Brasilien zu einer der Top-Ten-Volkswirtschaften der Welt entwickelt (CIA, 2008). Das Bruttoinlandsprodukt betrug 2008 1.586 Milliarden US-Dollar. Darüber hinaus zählt Brasilien zu den vier bedeutendsten Agrarmächten.

Der Anteil des Dienstleistungssektors am Bruttoinlandsprodukt lag 2008 bei 64%, der des Industriesektors bei 30% und der des Landwirtschaftsektors bei 6% (Auswärtiges Amt, 2008). Die Wirtschaftskraft konzentriert sich weitgehend im Süden und Südosten des Landes, wo auch mehr als die Hälfte aller Erwerbstätigen beschäftigt ist.

Auf Grund des Rohstoffbooms im Zusammenhang mit der Förderung von Biokraftstoffen profitierte Brasilien in besonderem Maße von seinem Rohstoffreichtum und seiner leistungsfähigen Landwirtschaft. So verzeichnete der Agrarsektor die höchsten Zuwächse aller Wirtschaftssektoren. Im Vergleich der Jahre 2006 und 2007 wies der landwirtschaftliche Sektor einen Zuwachs von 5,3% auf (Martin, 2008: 3). Betrachtet man zusätzlich die Exportstruktur Brasiliens, kann man feststellen, dass die Landwirtschaft als Motor des Wirtschaftswachstums bezeichnet werden kann. Auf diesem Sektor hatte sich der Wert fast verdreifacht (Hofmeister, 2008).

Durch die erwirtschafteten Handelsüberschüsse erreichte Brasilien einen Abbau der Auslandsverschuldung und durch die stabilitätsorientierte Geldpolitik wurde die Inflationsrate verringert (Auswärtiges Amt, 2008). Aus Tabelle 2 kann die Wirtschaftentwicklung Brasiliens zwischen 2002 und 2007 abgelesen werden. Das Wirtschaftswachstum wurde durch die Finanzkrise etwas abgeschwächt und lag 2008 bei 5,1%. Bei den Exporten war 2008 ein Plus von 23,2% im Vergleich zum Vorjahr zu verzeichnen und auch die Importe stiegen 2008 an.

	2002	2003	2004	2005	2006	2007
Sozialprodukt BIP in Mrd US$	459,4	506,8	603,9	796,3	1.067	1.240
BIP in %	2,66	1,15	5,71	2,94	3,70	5,4
Inflation %	8,31	14,31	6,12	5,72	2,05	4,6
Exporte in Mrd US$	60,36	73,08	96,47	118,3	137,5	160,6
Importe in Mrd. US$	47,24	48,26	62,83	73,55	91,38	120,61
Handelsbilanz in Mrd. US$	13,12	23,82	33,64	44,76	46,08	40,04
Direkte Auslands-investitionen in Mrd. US$	16,59	10,14	18,17	15,07	18,78	34,62
Industrie-produktion %	2,73	0,05	8,3	3,09	2,82	6,0
Beschäftigung	- 3,34	- 2,02	6,69	3,83	8,14	5,56
Löhne nominal in R$	843,52	861,95	901,91	970,74	1.087,90	1.164,00
Arbeitslosigkeit	11,68	12,32	11,48	9,83	9,98	7,4
Steuerein-nahmen Bund in Mrd R$	330,8	372,7	441,4	496,6	555,5	645,7
Wechselkurs 1 US$ = R$	2,92	3,07	3,07	2,70	2,14	1,78

Tabelle 2: Wirtschaftsentwicklung Brasilien 2002-2007 (Quelle: Bfai, 2008)

Brasilien vertritt regional und global die Interessen der Entwicklungsländer gegenüber den Industrienationen und setzt sich aktiv für die Süd-Süd-Kooperation ein. Außenpolitisch verfolgt Brasilien eine sehr liberale Handelspolitik und tritt für einen freien Agrar-Welthandel unter besonderer Berücksichtigung der Entwicklungsländer ein (Auswärtiges Amt, 2008). Präsident Luiz Inácio Lula da Silva regiert das Land in zweiter Amtsperiode seit 2003. Während seiner Regierungszeit hat er vor allem in Wirtschaft, Infrastruktur und Sozialhilfeprogramme investiert. Er spricht sich international für den Ausbau und Handel von Biokraftstoffen aus, insbesondere weil Brasilien weltweit führend in Produktion und Einsatz von Biokraftstoffen ist.

Brasilien ist regional von starken Gegensätzen geprägt. Der Süden besitzt auf Grund der Zuckerrohrproduktion eine relativ gute Infrastruktur. Im Norden dominieren Armut und traditionelle Produktionsweisen.

Auch die Bevölkerungsstruktur Brasiliens weist sehr große soziale Unterschiede auf. Reichtum und Armut existieren dicht nebeneinander.

Seit den frühen 1970er-Jahren sinkt die Zahl der Unterernährten sowie deren Anteil an der Gesamtbevölkerung stetig. Waren Anfang der 1990er-Jahre noch etwa 10% von Unterernährung betroffen, sank die Zahl bis 2005 auf 6%. Damit erreichte das Land das VN-Millenniumsziel, den Hunger zu halbieren, bereits zehn Jahre vor Ablauf der gesetzten Frist. Dennoch leiden aktuell immer noch 11,7 Millionen Brasilianer an Unterernährung und 70 Millionen leben unter der Armutsgrenze. Die Ernährungssituation ist von starken sozialen Differenzen geprägt. Die Besitz- und Einkommensverhältnisse zählen zu den ungerechtesten weltweit. So entfallen 50% aller Volkseinkommen auf die 10% der reichen Bevölkerung, während die arme Bevölkerungshälfte sich mit nur 10% aller Volkseinkommen versorgen muss. Die FAO schätzte im Jahr 2002 den Anteil der von Armut betroffenen Bevölkerung auf 21,5%. Dabei ist die Armut am stärksten in den nördlichen ländlichen Regionen ausgeprägt, hier beträgt die Armutsrate 41%. In den Städten liegt sie bei 17,5% (FAO, 2008). Die sozialen und wirtschaftlichen Unterschiede beruhen jedoch nicht nur auf den Unterschieden zwischen Land- oder Stadtbevölkerung, sondern sind auch stark von der Region abhängig.

Abbildung 3: Brasilien nach Bundesstaaten

70% der ländlichen Armut konzentriert sich auf die Region Nordosten, die in der Umgangssprache auch als das „Armenhaus" Brasiliens bezeichnet wird. Der daran anschließende Südosten des Landes ist das wirtschaftliche Entwicklungszentrum, in dem sich der größte Reichtum findet. Die Regionen Mittelwesten und Norden belegen etwa zwei Drittel des brasilianischen Territoriums. Ursprünglich waren diese Gebiete größtenteils vom Urwald des Amazonas und seinen Ausläufern bedeckt, die jedoch im Laufe der Jahre erheblich dezimiert wurden. Im Norden findet nur eine geringfügige land- und forstwirtschaftliche Nutzung statt. In der Region des Mittelwestens, in dem die Baumsteppe Cerrado liegt, hat sich auf Grund der intensiven Sojaproduktion eine extensive Agrarindustrie entwickelt. In den Bundesstaaten des Südens herrscht vornehmlich großflächiger Agraranbau. Der Technisierungsgrad ist dort am höchsten. Durch die zunehmende Flächenbeanspruchung für den Zuckerrohranbau kommt es immer häufiger zu Übernahmen von Kleinbetrieben durch Großgrundbesitzer. Seit den 1980er-Jahren werden zunehmend Konflikte zwischen landlosen Kleinbauern und Großgrundbesitzern bekannt (Hönicke, 2009: 31).

4.2 Bedeutung der Agrarwirtschaft

Brasiliens Wirtschaftsstruktur sowie der Beitrag der einzelnen Wirtschaftssektoren zum Bruttoinlandsprodukt haben sich auf Grund der Entwicklungen der letzten Jahre verändert. Als eine der vier größten Agrarmächte der Welt kommt der Landwirtschaft in Brasilien eine entscheidende Bedeutung zu. Die folgenden Analysen beziehen sich auf das aktuellste statistische Material. Als Referenzjahr gilt das Jahr 2006.

2006 wurden landwirtschaftliche Produkte im Wert von 16 Millionen US-Dollar exportiert, was einen Anteil von 27% der Gesamtexportmenge ausmacht (MAPA, 2008). Innerhalb der letzten vier Jahre konnte die wertmäßige Ausfuhr von landwirtschaftlichen Produkten fast verdreifacht werden. Der Betrag der Importe lag bei einem Zehntel der Exporte. In den letzten zehn Jahren wurde der Anbau von Kulturpflanzen stark diversifiziert. Neben traditionellen Erzeugnissen wie Tabak, Zuckerrohr, Getreide und Ölsaaten werden auch nahezu alle Obstarten kultiviert (Hönicke, 2008. 30). In der Tierhaltung spielt vor allem Rindfleisch eine Rolle. Weltweit besitzt Brasilien nach Argentinien den zweitgrößten Viehbestand und ist eines der größten Produzentenländer von Rindfleisch. Nach Angaben der FAO war Brasilien 2005 weltweit größter Exporteur von Bohnen, Kaffee, Mate, Rindfleisch, Geflügelfleisch, Sojabohnen und Tabak (FAO, 2005). Den größten Anteil an den Importen hatte Weizen.

Das brasilianische Territorium umfasst 8,51 Millionen Quadratkilometer. Laut IBGE betrug die agrarische Nutzfläche im Jahr 2006 355 Millionen Hektar, wovon 76,7 Millionen Hektar für den Ackerbau und 172,3 Millionen Hektar für die Viehzucht zur Verfügung standen. Prozentual macht die Fläche für den Ackerbau 9,01% des nationalen Territoriums aus, die für die Viehzucht

20,24% (IBGE, 2007). In Abbildung 2 kann die Verteilung der landwirtschaftlichen Nutzfläche von 1970 bis 2006 abgelesen werden.

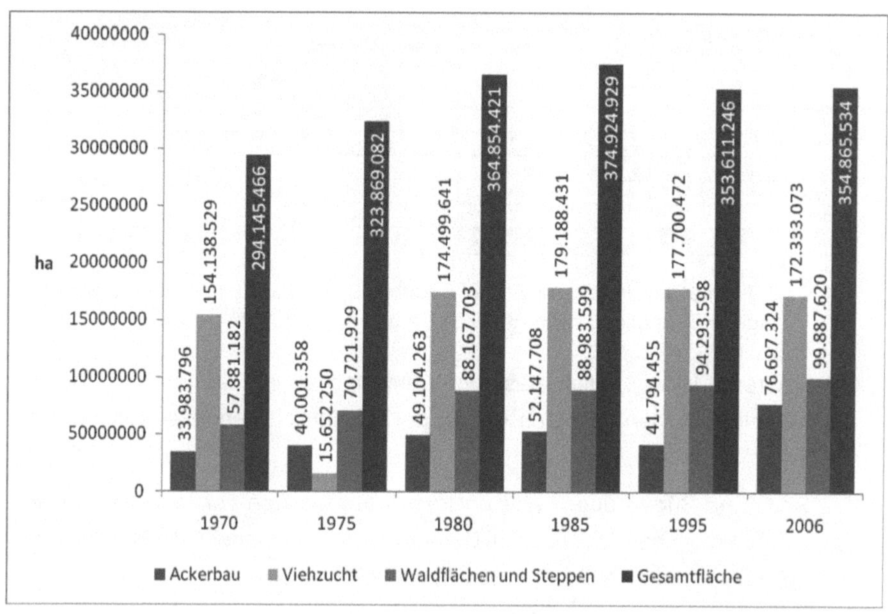

Abbildung 4: Landnutzung Brasilien 1970 - 2006 (Quelle: eigene Darstellung nach IBGE, 2007a: 107)

Nach Angaben des IBGE besteht die intensivste landwirtschaftliche Nutzung in den Bundesstaaten São Paulo, Paraná, Mato Grosso do Sul und Goiás (IBGE, 2007), die sich alle in der Region Centro-Sul[28] befinden (Martin, 2008: 5). In diesen Regionen wird 31,77% des Ackerbaus und 31,48% der Viehzucht des ganzen Landes betrieben. Auch im Südosten und Nordosten besteht eine intensive Flächennutzung für Land- und Viehwirtschaft, wobei die Viehzucht besonders ausgeprägt in der Region des Zentralen Westens betrieben wird: Der Flächennutzungsanteil von 35,38% ist der höchste aller Regionen.

[28] Regionen des Südens, Südostens und zentralen Westens.

Region	Anteil der agrarwirtschaftlichen genutzten Fläche an der Gesamzfläche in %	Anteil der Fläche für Ackerbau an der Gesamt-Fläche für in %	Anteil der Fläche für Ackerbau an der agrarwirtschaftlich genutzter Fläche in %	Anteil der Fläche für Viehwirtschaft Gesamtfläche in %	Anteil der Fläche für Viehwirtschaft an agrarwirtschaftlich genutzter Fläche in %
Norden	17,51%	1,92%	10,98%	8,47%	48,37%
Nordosten	51,81%	14,29%	27,59%	21,01%	40,54%
Zentralwesten	62,30%	8,01%	12,86%	35,38%	56,80%
Südosten	65,25%	17,19%	26,35%	34,69%	53,17%
Süden	80,64%	31,77%	39,40%	31,48%	39,04%
Brasilien	**41,68%**	**9,01%**	**21,61%**	**20,24%**	**48,50%**

Tabelle 3: Flächenanteile Agrarwirtschaft, Ackerbau und Viehwirtschaft nach Regionen 2006[29] (eigene Darstellung nach IBGE 2007a und IBGE 2007b)

Des Weiteren ist ersichtlich, dass die Viehwirtschaft in Brasilien einen mehr als doppelt so hohen Anteil an der agrarwirtschaftlich genutzten Fläche hat als der Ackerbau.

Die Regionen Süden und Südosten tragen am meisten zur landwirtschaftlichen Produktion bei. Die Region Centro-Sul erwirtschaftete 2006 77% der gesamten landwirtschaftlichen Produktion (IGBE, 2007, zitiert nach Martin, 2008). Laut Angaben des IGBE standen 2006 insgesamt 62,41% der landwirtschaftlichen Gesamtfläche für den Anbau von Weizen, Baumwolle, Mais, Bohnen und Soja zur Verfügung. Soja und Mais beanspruchten dabei fast 75% der Fläche. 20% fielen auf Weizen, Reis und Bohnen. Soja, das hauptsächlich zu Tierfuttermittel und Biodiesel verarbeitet wird, hatte einen Anteil von 18,8% an der Gesamtagrarproduktion und war damit das wichtigste Anbauprodukt im Jahr 2006.

Zuckerrohr, das hauptsächlich zur Produktion von Bioethanol verwendet wird, verzeichnete einen Anteil von 17,3% an der Produktion. Außer Mais mit 10,1%, Kaffee mit 9,5% und Orangen mit 5,4% leisteten alle weiteren Anbauprodukte einen Anteil von unter 5%.

Betrachtet man weiterhin den Ausbau der landwirtschaftlichen Anbaufläche im Vergleich zu den erwirtschafteten Gütern im Zeitraum von 1975 bis 2003,

---

29 Anmerkung 4 in der Tabelle bezieht sich auf die Definition der Fläche. Umfasst wird die Fläche für Ackerbau für einjährige und mehrjährige Kulturen sowie brachliegende Flächen. Anmerkung 5 bezieht sich auf die Fläche für Viehzucht. Darin enthalten sind künstlich angelegte sowie natürliche Weiden.

wird ersichtlich, dass sich die Produktion um fast das Doppelte auf 115 Millionen Tonnen gesteigert hat, wobei die Ausweitung der landwirtschaftlichen Nutzfläche wesentlich geringer ausfiel (Calcagnotto, 2007: 101). Dies führt Calcagnotto auf eine Produktivitätssteigerung auf Grund von verstärktem Einsatz von Düngern und Pestiziden, eine Verlagerung der Anbauflächen auf fruchtbarere Gebiete sowie den Einsatz von technischen Geräten im Zuge der zunehmenden Industrialisierung zurück (Calcagnotto, 2007: 102). Obwohl die Anzahl der Beschäftigten von 1992 bis 2002 um 13% gesunken ist, arbeiten derzeit immer noch 20% der Erwerbstätigen im landwirtschaftlichen Sektor (DESTATIS, 2006: 2).

4.3 Staatliche Förderprogramme für Biokraftstoffe

Der brasilianische Staat engagiert sich seit langem intensiv in der Agroenergiepolitik. Besonders in Bezug auf Biokraftstoffe verfolgt die Regierung ehrgeizige Ziele für den nationalen Gebrauch und den Export. Bereits seit Mitte der 1970er-Jahre genießt der Zucker- und Ethanolsektor durch das *Programa Nacional do Álcool* staatliche Förderungen. Seit 2005 wird auch die Produktion von Biodiesel im Rahmen des *Programa Nacional de Produção e Uso de Biodiesel* staatlich unterstützt. Durch diese jahrzehntelangen Investitionen in die Biokraftstoffindustrie, den Ausbau der Infrastruktur und das technische Know-how verschaffte sich Brasilien eine einzigartige Vormachtstellung im Bereich der Biokraftstoffe. Das Land ist nicht nur der weltweit zweitgrößter Ethanolproduzent, sondern vor allem größter Exporteur, mit einem Anteil von knapp 50% des weltweit gehandelten Ethanols auf dem Markt. Die günstigen Klimabedingungen, die verschiedenen Vegetationszonen sowie die große Verfügbarkeit an Flächen und die nachweislich bessere Klimabilanz der brasilianischen Biokraftstoffe unterstreichen das Potential Brasiliens noch. Während Präsident Luiz Inácio Lula da Silva nicht müde wird zu betonen, dass die Eroberung und Aufrechterhaltung der Führerschaft auf dem internationalen Markt der Biokraftstoffe das erklärte Ziel ist, mehren sich die Stimmen über die negativen Folgen dieses extensiven Ausbaus (Fritz, 2008: 5).

4.3.1 Programa Nacional do Álcool

Die Ethanolproduktion aus Zuckerrohr hat in Brasilien eine lange Tradition. Bereits seit den 1930er-Jahren wurden die Nebenprodukte der Zuckerherstellung zur Ethanolherstellung genutzt. Durch die erste Ölkrise 1973 und den daraus resultierenden Preisschock für Öl und Benzin war die Regierung Brasiliens gezwungen, nach neuen Alternativen für fossile Energieträger zu suchen. Das 1975 unter der Militärregierung initiierte *Programa Nacional do Álcool*[30] sah zunächst eine 10%ige Beimischung von Ethanol zum fossilen Benzin vor. Die Regierung verfolgte mit diesem Programm zwei Ziele. Auf der einen Seite wurde verstärkt nach eigenen Erdölquellen gesucht, um in der sich abzeichnenden Energiekrise die Abhängigkeit von Erdölimporten für den Verkehrs- und Industriesektor zu reduzieren. Auf der anderen Seite erfuhr die auf Grund des niedrigen Weltmarktpreises in einer Exportkrise steckende Zuckerindustrie eine Aufwertung und die Produktionsüberschüsse konnten zu Ethanol weiterverarbeitet werden (Fritz, 2008b: 7). Das Programm wurde vom Staat durch Subventionen, die Vergabe von Krediten für den Anbau und die Weiterverarbeitung sowie einen staatlich garantierten Ethanolpreis vorangetrieben (Fritz, 2008b: 7). Das Programm erzielte zunächst schnelle Erfolge. So stieg die Produktion von Ethanol von 1975 bis 1979 von 600 Millionen auf 3,4 Milliarden Liter an.

In der ersten Phase wurde hauptsächlich *anhydrous ethanol*[31] produziert, das einen 99,7%igen Alkoholanteil aufwies. Dieses konnte ohne technische Änderungen der Ottomotoren bis zu einer Quote von 25% den normalen Ottokraftstoffen beigemischt werden (Nitsch, Giersdorf, 2006: 1).

Nach der zweiten Ölpreissteigerung 1979 wurde in der zweiten Phase von Proálcool ab 1980 der mit *hydrous ethanol*[32] betriebene Nur-Alkohol-Motor entwickelt. Beim hydrierten Ethanol liegt der Ethanolanteil bei 93%. Mit einem Wasseranteil von nur 7% kann er als reiner Kraftstoff genutzt werden.

Neben dem Beimischungszwang förderte die Regierung den Bau von Autos mit Nur-Alkohol-Motoren und gewährte dafür Steuervorteile (Fritz, 2008b: 7). Durch diese politischen Fördermaßnahmen betrug der Anteil von Neufahrzeugen dieses Typs teilweise über 90% (Nitsch, Giersdorf, 2006: 1). Infolge dieser Entwicklungen steigerte sich die Zuckerrohrproduktion im Zeitraum

---

[30] Im Folgenden nur noch Proálcool genannt.

[31] *Anhydrous ethanol* wird in der Chemie als wasserfreies Ethanol bezeichnet. Der Wassergehalt liegt hier unter 0,3%.

[32] *Hydrous ethanol* wird in der Chemie als wässriges Ethanol bezeichnet. Es verbleibt ein gewisser Wasseranteil.

von 1975 bis 1987 von 91,5 Millionen Tonnen auf 267,7 Millionen Tonnen. Die Ethanolproduktion wuchs im selben Zeitraum von 556 Millionen Litern auf 11,5 Milliarden Liter (Schölzel, 2000, zitiert nach Martin, 2008: 15). Durch die erhöhte Nachfrage kam es Ende der 1980er-Jahre zu Versorgungsengpässen. Weitere Gründe dafür waren schlechte Zuckerrohrernten, der gesunkene Erdölpreis sowie der Anstieg des Weltmarktpreises für Zucker. Die Wettbewerbsfähigkeit des Nur-Alkohol-Autos verschlechterte sich auf Grund des niedrigen Ölpreises, was einen massiven Absatzrückgang zur Folge hatte. Der Staat reagierte mit mehreren Maßnahmen. Zum einen hob man zur Marktregulierung die Beimischungsquoten zunächst auf 22% und später auf 24% an. Zum anderen wurden die Subventionen für die Produktion abgeschafft, die Produktionsquoten aufgehoben sowie die direkten Preiskontrollen ausgesetzt (Fritz, 2008b: 8). Staatliche Beihilfen wurden in Form von Krediten und Steuererleichterungen gewährt. Zusätzlich wurde der Import von Ethanol mit einer 20%igen Wertsteuer belegt (Gattermayer, 2006: 151)

Trotz der Stagnationsphase in den 1990er-Jahren produzierte Brasilien jährlich 11 bis 13 Milliarden Liter Ethanol und deckte damit zwischen 12 und 15% seines nationalen Kraftstoffverbrauchs. Neuen Aufschwung erhielt der Ethanolmarkt 2003 mit der Einführung des Flex-Fuel-Autos. Der von Volkswagen do Brasil entwickelte Flex-Fuel-Motor lief mit einer beliebigen Mischung von Benzin und *anhydrous ethanol*, reinem Ottokraftstoff oder *hydrous ethanol*, je nachdem welcher Treibstoff gerade wirtschaftlich am sinnvollsten war (Fritz, 2008b: 8). Im Jahr 2006 verfügten 78% der neu zugelassenen Fahrzeuge über einen Flex-Fuel-Motor. Durch die von der Regierung gewährten Steuervergünstigungen für diese Fahrzeuge stieg die Ethanolproduktion bis zum Jahr 2006 auf 18 Milliarden Liter an. Im Februar 2008 wurden erstmalig mehr Ethanolkraftstoffe als fossiles Benzin in Brasilien konsumiert (Fritz, 2008b: 9).

Die Ethanolproduktion hat sich zu einem wichtigen Wirtschaftsfaktor Brasiliens entwickelt. Innerhalb der letzten fünf Jahre wurden enorme Produktionssteigerungen erzielt, allein im Jahr 2006/2007 um 9,2%. Zusammen mit der Zuckerproduktion trägt sie derzeit zu etwa 3,5% des BIP bei (Röhrkasten, 2008: 51). Der größte Teil der Produktion ist für den heimischen Konsum bestimmt (Hönicke, 2009: 32). Jedoch nicht nur auf dem nationalen Markt kommt Bioethanol eine tragende Rolle zu, auch im Export gewinnt es zunehmend an Bedeutung. Zwar wurde Brasilien im Jahr 2006 von den USA als

Weltführer in der Ethanolproduktion abgelöst, dennoch werden immer noch etwa 44% des weltweit produzierten Ethanols in Brasilien hergestellt (REN21, 2008: 13). Nach verstärkter Ausweitung der Ethanolexporte vereinigt Brasilien inzwischen 50% des globalen Ethanolhandels auf sich. Trotz der starken Zunahme des Exportes innerhalb der letzten zehn Jahre fällt der Anteil an der Gesamtproduktionsmenge immer noch relativ gering aus: 2006 lag er bei 19,4% (Hönicke, 2009: 32).

Zudem ist die Beschäftigungswirkung des Ethanolsektors nicht zu vernachlässigen. Die Zahl der Erwerbstätigen im Zuckerrohr- und Ethanolsektor wird derzeit auf etwa eine Million geschätzt. Da Zuckerrohr immer noch größtenteils von Hand geerntet wird, entfällt der Großteil davon auf die Zuckerrohrschneider (Martin, 2008: 17).

Im Moment belegt der Anbau von Zuckerrohr circa 7,3 Millionen Hektar, was 10% der landwirtschaftlichen Fläche entspricht. Circa 85% des Zuckerrohrs werden im Süden angebaut, die verbleibenden 15% im Nordosten des Landes. Durch die wachsende Zahl von Flex-Fuel-Fahrzeugen auf dem heimischen Markt wird mit einem erhöhten zusätzlichen Bedarf an Ethanol gerechnet. Expansionspläne der Regierung sehen eine Steigerung des nationalen Ethanolmarktes auf 24 Milliarden Liter und eine Verdoppelung des Exportvolumens von 4 auf 8 Milliarden Liter bis 2010 vor. Um den gestiegenen Bedarf zu decken, müsste Brasilien die Ethanolproduktion in den nächsten Jahren nahezu verdoppeln. Damit würde die für Zuckerrohr benötigte landwirtschaftliche Fläche um weitere 2 Millionen Hektar anwachsen (Fritz, 2008b: 9).

Die International Sugar Organization (ISO) hält sogar eine Erweiterung des Zuckerrohranbaus auf 100 Millionen Hektar für denkbar. Damit würde sich der Zuckerrohranbau von derzeit 0,8% auf 12% der Gesamtfläche Brasiliens ausweiten (Hönicke, 2009: 33).

Proálcool gilt als Beispiel für die erfolgreiche Substitution von fossilen Kraftstoffen durch Biokraftstoffe. Brasilien ist weltweit das einzige Land, das ohne Subventionen einen wettbewerbsfähigen Ethanolmarkt entwickelt hat. Damit hat es gezeigt, dass die Massenproduktion von Biokraftstoffen möglich ist und eine durch den technischen Fortschritt wettbewerbsfähige Alternative zu herkömmlichen Kraftstoffen darstellen kann. Dies liegt vor allem an den niedrigen Produktionskosten, die weit unter dem Niveau der USA oder der EU liegen. Mit einem Preis von 0,20 US$ pro Liter ist brasilianisches Ethanol ab einem Rohölpreis von 30 US$ pro Barrel rentabel (Henke, 2005: 10). Dennoch wird das Ethanolangebot Brasiliens auch in Zukunft stark vom Weltpreis für Zucker, vom Ölpreis und von den Zuckerrohrernten abhängig sein.

Auf die ökologischen, sozialen und ökonomischen Bedenken im Zusammenhang mit dem großflächigen Anbau von Zuckerrohr wird im Folgenden noch detaillierter eingegangen.

4.3.2 Programa Nacional de Produção e Uso de Biodiesel

Neben der Förderung der Ethanolherstellung aus Zuckerrohr verfolgt Brasilien inzwischen auch eine ambitionierte Biodieselpolitik. Im Vergleich zur technologisch weit fortgeschrittenen Ethanolherstellung steckt die Biodieselproduktion in Brasilien jedoch noch in den Kinderschuhen (Röhrkasten, 2008: 51). Im Dezember des Jahres 2005 initiierte die Regierung das *Programa Nacional de Produção e Uso de Biodiesel*[33]. Seit der Einführung des Programms entwickelt sich die Biodieselproduktion in Brasilien sehr schnell. Das Programm sieht vor, den Dieselkraftstoffen ab 2008 mindestens 2% Pflanzenöl beizumischen. Ab 2010 soll dieser Anteil auf mindestens 5% angehoben werden. Das Programm weist im Gegensatz zum Proálcool auch eine soziale Komponente auf: Die Produzenten des Biodiesels erhalten Vergünstigungen bei den Sozialabgaben. Ihre Höhe richtet sich nach dem Produktionsstandort, dem angebauten Rohstoff und der Betriebsgröße. Ziel ist es, die kleinbäuerlichen Familienbetriebe in den ärmeren Regionen zu begünstigen und in die Produktionskette zu integrieren. Darüber hinaus spielen Faktoren wie die Diversifizierung des Energiemixes, die Reduktion der Dieselimporte sowie die Schaffung von Arbeitsplätzen eine Rolle (Fritz, 2008b: 18).

Zur Erzeugung von Biodiesel eignen sich mehrere Ölpflanzen, wie etwa Soja, Rizinus und Ölpalmen. Eine gute Klimabilanz verspricht vor allem die trockenresistente Rizinuspflanze, die im semiariden Nordosten in Mischkultur mit Bohnen angebaut werden soll. Allerdings wird Rizinusöl wegen seiner hochwertigen industrietechnischen und pharmazeutischen Eigenschaften auf dem Weltmarkt weit über dem Dieselpreis gehandelt (Nitsch, Giersdorf, 2006: 3). Auf die Produktion von Rizinus werden weniger Sozialabgaben erhoben, da

[33] Im Folgenden nur noch PNPB genannt.

dessen Anbau hauptsächlich in kleinbäuerlicher Familienwirtschaft erfolgt. Für Soja dagegen, das vornehmlich von Großbauern in Monokultur produziert wird, entfallen diese Vergünstigungen. Die weiterverarbeitende Industrie muss sich ein sogenanntes Sozialsiegel[34] durch die Abnahme eines Mindestprozentsatzes von Kleinbauern erwerben. Die Biodieselproduzenten schließen Verträge mit den Kleinbetrieben ab, die sie dazu verpflichten, die Pflanzen und landwirtschaftliche Infrastruktur gegen Kredit zur Verfügung zu stellen. Darüber hinaus haben sie die Pflicht, technische Hilfe zu leisten und die gesamte Ernte zu Marktpreisen abzunehmen (Fritz, 2008b: 24). Die Abnahmeanforderungen der Mindestmengen sind regional festgelegt und variieren je nach Bundesstaat. So beträgt die Mindestmenge im Nordosten 50%, im Südosten und Süden müssen 30% abgenommen werden und im Norden nur 10%. Das Siegel ermöglicht es den Biodieselherstellern, die staatlich garantierten Steuererleichterungen in Anspruch zu nehmen, die bis zu 100% betragen können. Daneben erhalten sie Zugang zu Krediten verschiedener öffentlicher Einrichtungen und haben das Recht, an staatlichen Biodieselauktionen teilzunehmen. Der dort angebotene Biodiesel muss von den großen Mineralölfirmen zu fairen Preisen aufgekauft werden (Hönicke, 2009: 34).

Seit der Einführung des Programms wurde ein starker Anstieg der Biodieselproduktion verzeichnet. Bereits zwei Jahre nach Beginn wurde laut offiziellen Angaben eine Produktionsmenge von 962 Millionen Litern erreicht (Brasilianische Botschaft, 2007). Um die 2%ige Beimischung realisieren zu können, schätzte die Regierung einen Bedarf von einer Milliarde Litern Biodiesel. Somit wurde die obligatorische Beimischungspflicht bereits ein Jahr vor ihrem Inkrafttreten erfüllt. Derzeit konzentriert sich die Produktion des Biodiesels vor allem in den Regionen des Südostens und Mittelwestens. Die 5%ige Substitution erfordert geschätzte 2,4 Milliarden Liter. Das Potential, so große Mengen an Pflanzenöl zu produzieren, besitzt vor allem die großbetriebliche Sojawirtschaft. Nach Angaben des Ministeriums für Agrarentwicklung (MDA) werden derzeit 24% des hergestellten Biodiesels in familiärer Landwirtschaft produziert. Schätzungen des MDA zu Folge arbeiteten 2008 nur etwa 100.000 Kleinbauern als Rohstofflieferanten für die weiterverarbeitende Dieselindustrie (Fritz, 2008: 69). Der größte Teil stammt nach wie vor von Großplantagen. Damit profitiert vornehmlich die industrielle Landwirtschaft vom

[34] portugiesisch: Selo Combustível Social

PNPB. Obwohl das Programm die Förderung der kleinbäuerlichen Landwirtschaft sowie der Biodiversität ausdrücklich vorsieht, zeichneten sich von Beginn an Probleme bei der Umsetzung ab. Zum einen spielen die hohen Produktionskosten von Rizinusöl eine Rolle, das trotz Subventionen nicht konkurrenzfähig zu Sojaöl ist. Zum anderen haben viele Kleinbauern Probleme die vertraglich vereinbarten Mengen zu produzieren. Die Landwirte klagen über wetterbedingte Ernteausfälle und mangelnde technische Betreuung (Hönicke, 2009. 35).

Soja machte 2006 etwa 30% der ackerbaulich genutzten Fläche Brasiliens aus. Es verzeichnete auch den mit Abstand größten Zuwachs an Fläche. So stieg die Erntefläche innerhalb eines Jahres auf fast das Doppelte an: von 11,67 Millionen Hektar im Jahr 2005 auf 22,04 Millionen Hektar im Jahr 2006 (Martin, 2008: 21). Eine Folge davon ist die massive Ausweitung der Produktionsflächen in die nördlichen Amazonasgebiete. Dieser Kritikpunkt wird an diesen Abschnitt anschließend eingehend erörtert.

In diesem Zusammenhang muss erwähnt werden, dass bei der Verarbeitung von Sojabohnen hauptsächlich Sojaschrot sowie das Nebenprodukt Sojaöl entstehen. Sojaschrot wird bereits seit Jahren als Futtermittel exportiert. Sojaöl findet bislang hauptsächlich in der Lebensmittelherstellung oder in der Herstellung von kosmetischen und pharmazeutischen Produkten Verwendung. Die gesteigerte Nachfrage nach Sojaöl auf Grund des PNPD trug nachhaltig zur aktuellen Entwicklung bei (Fritz, 2008b: 22). 2006 und 2007 war Soja das wichtigste brasilianische Agrarprodukt.

Aus den bisher zur Verfügung stehenden Erkenntnissen über das PNPD kann gefolgert werden, dass drei Viertel der nachwachsenden Rohstoffe für die Biodieselherstellung im Moment von Großbetrieben geliefert werden, der Rest von kleinbäuerlichen Betrieben. Hauptrohstoff mit einem Anteil von 60 bis 70% ist Soja. Der soziale Ansatz des Programms konnte also nicht verhindern, dass die größten Nutznießer der Vergünstigungen bis jetzt die Großgrundbesitzer sind (Fritz, 2008b: 69).

4.4 Folgen der vermehrten Biokraftstoffproduktion

Weltweit wird kontrovers diskutiert, ob Biokraftstoffe nun eine Chance oder eine Gefahr für die Menschheit sind. Brasilien steht vor allem in den westlichen Industrienationen im Zentrum dieser Debatte. Seit 2005 ist die Förderung von

Biokraftstoffen ein zentrales Element brasilianischer Regierungspolitik (Fatheuer, 2008: 12). Mit seinem enormen Flächenpotential spielt Brasilien eine Schlüsselrolle in Sachen Biokraftstoffe. In vielen Schwellenländern gilt es als Vorbild für eine erfolgreiche Bioenergiepolitik, die mit positiven sozioökonomischen Entwicklungen einhergeht (WGBU, 2008: 216). Allerdings hat die verstärkte Nachfrage nach agrarischen Rohstoffen nicht nur positive wirtschaftliche Effekte, sondern führt zu Veränderungen machtpolitischer Konstellationen, intensiviert soziale Konflikte und wirkt sich negativ auf die Umwelt aus.

Im dritten Kapitel der Studie wurden die Folgen der Nahrungsmittelkrise bereits allgemein analysiert, die, wie bereits gezeigt, auch mit dem vermehrten Anbau von Biokraftstoffen in Zusammenhang stehen. Unter diesem Gliederungspunkt soll nun detailliert auf die ökologischen, sozialen und ökonomischen Folgen aus der Sicht Brasiliens eingegangen werden. Zu beachten ist hierbei, dass diese eng miteinander verbunden sind und sich gegenseitig beeinflussen.

4.4.1 Ökologische Folgen

Im Mittelpunkt der politischen Diskussionen um Biokraftstoffe steht unter anderem die positive Klimabilanz. Neueste Studien bescheinigen unter Rücksichtnahme auf den gesamten Produktionszirkel jedoch nicht allen Biokraftstoffen eine positive Klimabilanz.

Bioethanol aus Brasilien wird grundsätzlich eine positive Klimabilanz attestiert, allerdings wirkt sich das Abbrennen der Zuckerrohrfelder vor der Ernte negativ auf das Klima aus. Brasilien verursachte 2007 ein Fünftel der weltweiten Treibhausgasemissionen aus Entwaldung und dem Abbrennen der Zuckerrohrfelder (WBGU, 2008: 133).

Der Anbau von Soja für Biodiesel und von Zuckerrohr für Bioethanol erfolgt fast ausschließlich in großflächiger Monokultur. Langfristiger Monokulturanbau vergrößert die Anfälligkeit der Pflanzen für bestimmte Schädlinge, was durch einen erhöhten Einsatz von Pestiziden wieder wettgemacht wird. Darüber hinaus laugen die Böden schneller aus. Die Intensivlandwirtschaft stellt des Weiteren eine große Bedrohung für die Biodiversität dar. Durch die Zerstörung von Lebensräumen kann es zu einem erheblichen Artenverlust kommen. Zusätzlich trägt der meist erhöhte Einsatz von Pflanzenschutz- und Düngemitteln ebenfalls zum Artensterben bei. Auf Grund des gesteigerten

Flächenbedarfs für nachwachsende Rohstoffe werden immer mehr Flächen beansprucht, die eigentlich unter Naturschutz stehen oder sich durch einen hohen Grad an Biodiversität auszeichnen. In Brasilien führt insbesondere die Ausweitung der Sojaproduktion und Viehzucht zu einer Erweiterung der landwirtschaftlich genutzten Flächen im Amazonasgebiet, dem Sumpf- und Überschwemmungsgebiet Panatanal sowie der Baumsteppe des Cerradogebietes. Die Flächen der tropischen Feuchtwälder des Amazonas sind die artenreichsten Ökosysteme der Welt. Jedes Jahr gehen durchschnittlich 14 bis 16 Millionen Hektar Wald verloren. Dadurch werden Schätzungen zufolge 25 bis 150 Arten pro Tag ausgerottet. Diese Verluste sind irreversibel (BfN, 2008: 2). Der Cerrado, ein Savannengebiet, ist Quellgebiet der großen Flüsse Brasiliens und Heimat von 50% aller endemischen Arten (WGBU, 2008: 216). Auch dieses Ökosystem ist durch den verstärkten Monokulturanbau erheblich unter Druck geraten (Fatheuer, 2007: 4). Derzeit weist der Cerrado eine doppelt so hohe Konversionsrate auf wie das Amazonasgebiet (WGBU, 2008: 82).

Ein direkter Zusammenhang zwischen der Ausweitung der Zuckerrohrplantagen und der Rodung von Regenwald kann nicht hergestellt werden. Man könnte höchstens von einer indirekten Verdrängung sprechen. Im Moment befinden sich 80% der Anbaufläche im Südosten Brasiliens. Statistisch belegt ist jedoch die Tatsache, dass im Zeitraum von 2002 bis 2005 ein Rückgang der Viehweiden im Süden und eine massive Ausweitung der Viehzucht in den Amazonasgebieten des Nordens stattgefunden hat (Fatheuer, 2007: 3). Zusätzlich war eine intensive Zunahme der Sojaproduktion zu verzeichnen. Diese ist hauptsächlich im Bundesstaat Mato Grosso zu beobachten, der im Moment am stärksten zur Vernichtung des Regenwaldes beiträgt. Auf die Ausweitung der Anbauflächen wird im Folgenden nochmals expliziter eingegangen.

Ein weiterer Aspekt der negativen Folgen des verstärkten Biokraftstoffanbaus ist der erhöhte Wasserverbrauch. Zuckerrohr benötigt sehr viel Wasser, was zu Lasten der in der Nähe der Plantagen lebenden Menschen geht. Auch wenn Brasilien auf Grund hoher natürlicher Vorkommen in absehbarer Zukunft kein Problem mit der Wasserversorgung haben wird, bleibt doch zu bedenken, dass die beim Anbau eingesetzten Agrotoxine in das Grundwasser eindringen und damit einen Einfluss auf die Lebensqualität der Bevölkerung haben. Darüber hinaus tragen die Abwässer von Ethanol-Destillerien zur Grundwasserverschmutzung bei (Reusser, 2007: 11).

Kritisiert wird auch der mögliche Einsatz von Gentechnik zur Ertragssteigerung. Der großflächige Anbau von Monokulturen bietet ideale Bedingungen für gentechnisch veränderte Mais-, Zuckerrohr- und Sojasorten (Brot für die Welt, 2008: 19). Die Regierung unterstützt den Anbau von transgenen Pflanzen seit 2003, um die Agrarexporte zu steigern und die Handelsbilanzen zu stärken. Laut Angaben der Umweltorganisation Kooperation Brasilien e.V. sind bereits 57% der angebauten Sojapflanzen in Brasilien gentechnisch verändert (Bredenbeck, 2008).

In der brasilianischen Umweltpolitik des letzten Jahres sorgten zwei Nachrichten für negative Schlagzeilen. Zum einen waren nach zwei Jahren Reduzierung der Entwaldungsraten im Amazonasgebiet die Quoten wieder gestiegen, zum anderen trat die angesehene Umweltministerin Marina Silva zurück. Durch den Rücktritt der Ministerin wurden die Probleme der brasilianischen Umweltpolitik verdeutlicht. Silva hatte öffentlich kritisiert, dass die wirtschaftliche Entwicklung Brasiliens zu Lasten der Umwelt, insbesondere des Amazonasgebietes, gehe (Fatheuer, 2008: 7).

4.4.2 Soziale Folgen

In Kapitel drei der vorliegenden Studie wurde bereits ausführlich über die Verbindung zwischen dem vermehrten Anbau von nachwachsenden Rohstoffen für die Biokraftstoffproduktion und die Ernährungssicherheit berichtet. Die sich verknappenden Lebensmittel und der damit einhergehende Anstieg der Hungernden ist wohl eine der gravierendsten Folgen des Biokraftstoffanbaus. Wie jedoch bereits im dritten Kapitel festgestellt wurde, trugen viele Faktoren zu den jüngsten Preiserhöhungen bei. In Brasilien mussten Verbraucher im ersten Halbjahr 2007 dreimal so viel Geld für ihre Grundnahrungsmittel ausgeben wie im Vorjahr (Hees et al, 2007: 15).

Menschenrechtsorganisationen und soziale Bewegungen weisen seit langem auf die sozialen Auswirkungen der Zuckerrohr- und Sojaplantagen hin. In Brasilien herrscht immer noch ein sehr großes soziales Ungleichgewicht. Gerade einmal zehn Prozent der Bevölkerung teilen sich 75,4 % des Einkommens. Die Schaffung von Arbeitsplätzen im ländlichen Raum, dem Lebensraum der Armen, ist grundsätzlich als positiv zu bewerten. Die Ausweitung der Soja- und Zuckerrohrfelder hat schätzungsweise eine Million direkte und weitere sechs Millionen indirekte Arbeitsplätze geschaffen (WGBU, 2008: 216).

Bis heute wird Zuckerrohr in Brasilien hauptsächlich von Hand geerntet. Diese Arbeit wird meist durch unqualifizierte Wanderarbeiter erledigt. Der Lohn ist abhängig von der geschnittenen Menge Zuckerrohr, deren Soll bei 15 Tonnen pro Tag liegt. Die körperlichen und gesundheitlichen Belastungen dieser Arbeit sind extrem hoch. Beim Abbrennen der Zuckerrohrfelder vor der Ernte entweichen Gase und toxische Partikel, die sich belastend auf die Atemwege und Lungen der Arbeiter auswirken. Durch den massiven Einsatz von Pflanzenschutzmitteln gibt es auf den Plantagen immer wieder Vergiftungen und Arbeitsunfälle (Fritz, 2008b: 14). Im Zuge der zunehmenden Mechanisierung der Ernte kommt es im Süden jedoch zu einer stetigen Ersetzung der Arbeitskräfte durch Erntemaschinen. Innerhalb von zehn Jahren ist die Anzahl der Erwerbstätigen in der Zuckerrohrproduktion um ein Drittel gefallen.

Die Migrationsbewegungen der Wanderarbeiter führten zudem zu einer Ausweitung der Elendsviertel in den Städten rund um die Plantagen; in der Folge nahmen Gewalt, Kriminalität, Drogenmissbrauch und Prostitution bei Minderjährigen stark zu (Hees et al., 2007: 17).

Außerdem geht die Ausweitung der Zuckerrohranbaugebiete meist mit einer hohen Konzentration von Grundbesitz einher. In der Region São Paulo beispielsweise erfolgte die Expansion der Zuckerrohrplantagen durch den Kauf oder die Vertreibung der Kleinbauern von den umliegenden Flächen. Nichtregierungsorganisationen und kirchliche Verbände berichten in diesem Zusammenhang auch von gewaltsamen Vertreibungen durch die Großgrundbesitzer (Fritz, 2008b: 11). Durch die gesteigerte Verwendung von nachwachsenden Rohstoffen erfuhren die Bodenpreise in Brasilien einen Aufschwung. So führte im Bundesstaat São Paulo die Flächenausweitung von Zuckerrohr zwischen 2001 und 2006 zu einem Anstieg der Bodenpreise um 113,4% für landwirtschaftlich genutzte Flächen (Hermanns, 2007).

Kleine landwirtschaftliche Betriebe hatten dadurch selten die finanziellen Mittel, um sich weitere Landflächen dazuzupachten (Brot für die Welt, 2008: 32). Viele verschuldeten sich aufgrund der gestiegenen Preise für Saatgut und Düngemittel. Kleinbauern produzieren vornehmlich Lebensmittel zur eigenen

Versorgung sowie für den Verkauf auf den lokalen Märkten. Damit tragen sie zu rund 70% der Nahrungsmittelversorgung Brasiliens bei (Hermanns, 2007). Durch das Proálcool-Programm der Regierung wurde die Biokraftstoffproduktion wirtschaftlich lukrativer als die Nahrungsmittelproduktion (Brot für die Welt, 2008: 32). Auf die Frage der Verdrängung der Nahrungsmittelproduktion zu Gunsten von nachwachsenden Rohstoffen wird im Folgenden differenzierter eingegangen. Mit dem PNPD versuchte die Regierung auch Kleinbauern in das Biokraftstoffgeschäft einzubeziehen. Erste Erfahrungen mit dem Programm zeigen jedoch, dass die Großgrundbesitzer von Soja- und Maisplantagen die wesentlichen Nutznießer des Programms sind (vgl. ebd.).

Eine weitere Folge des Rohstoffbooms ist, dass die Regierung im Zuge der gestiegenen Bodenpreise immer weniger Land zum Zweck der Umverteilung finanzieren kann. Auf Grund der Agrarreform darf die staatliche Agrarreformbehörde unproduktive Flächen enteignen und kaufen, um sie an Landlose zu vergeben. Derzeit warten mehr als fünf Millionen Familien auf ein Stück Land zur Bewirtschaftung (Fritz, 2008b: 17). Die Regierung konkurriert nun mit Zuckerfabriken, Großgrundbesitzern und Investmentfonds um die sogenannten unproduktiven Flächen. Dies wiederum verstärkt die Besitzkonzentration und Landkonflikte.

Kritisch zu beurteilen sind auch die Umsiedlungen sowie die Nichtbeachtung traditioneller Landrechte der indigenen Bevölkerungsgruppen vornehmlich im Amazonasgebiet (WGBU, 2008: 216). Der Ausbau von Infrastruktur und Großprojekten kollidiert zusehends mit den Reservatsgebieten (Fatheuer, 2008: 12).

Auf der anderen Seite können die Preissteigerungen für nachwachsende Rohstoffe für die Biokraftstoffproduktion für Kleinbauern auch Chancen bieten. Die soziale Einbindung von Kleinbauern in das PNPD ist positiv zu bewerten. Nach jetzigem Erkenntnisstand sind die Erträge jedoch stark abhängig von der Region und der angebauten Nutzpflanze. Zudem erhöhen die angestrebten Exportziele und das industriell exportorientierte Produktionsmodell den Wettbewerbsdruck auf die Kleinproduzenten (Fritz, 2008b: 69). Trotzdem wurden schon mehrere zehntausend Familien in das Programm integriert.

Dennoch spiegelt sich die soziale Ungleichheit Brasiliens überall wieder. Der inländische, steuersubventionierte Biokraftstoffgebrauch kommt nur wenigen Menschen zugute, nämlich denen, die Auto fahren (Nitsch, Giersdorf, 2006: 8).

4.4.3 Ökonomische Folgen

In kaum einem anderen Land ist die Verknüpfung von Umwelt- und Ressourcenkrise so drastisch wie in Brasilien. Die brasilianische Wirtschaft profitierte stark von der globalen Ressourcenkrise. Durch große Ölvorkommen, die vor der Küste entdeckt wurden, kann sich das Land, das heute schon unabhängig von Ölimporten ist, zu einer Erdölmacht entwickeln. Gleichzeitig ist es einer der wichtigsten Produzenten und Exporteure von Biokraftstoffen und Nahrungsmitteln. Mit seinen umfangreichen Rohstoffreserven und seinem Flächenpotential bietet sich Brasilien die Möglichkeit eines enormen Wirtschaftswachstums (Fatheuer, 2008: 9).

Der Agribusinesssektor[35] trug 2007 zu einem Drittel des Bruttoinlandsprodukts und zu 40% der Exporte bei. Damit ist er der bedeutendste und dynamischste Wirtschaftssektor des Landes.

Die Energiebilanz von Ethanol aus Zuckerrohr ist mit 0,8 im Vergleich zu fossilen Kraftstoffen als positiv zu bewerten (Nitsch, Giersdorf, 2006: 7). Dies hat vor allem zu einer Reduktion der Luftverschmutzung in den urbanen Gebieten geführt (Reusser, 2007: 24).

Biodiesel aus Sojaöl hingegen weist nur einen gering positiven Wert auf, der zwischen 1,5 und 2,5 schwankt. In Anbetracht der großen Flächenerfordernisse fällt die gesamte Klimabilanz jedoch eher negativ aus (Bringezu, Schütz, 2008: 5).

Des Weiteren eignen sich die Anbauprodukte von Biokraftstoffen wie Zuckerrohr, Mais und Soja auch für andere Endprodukte als Ethanol oder Diesel. Sie dienen auch als Grundlage für Nahrungsmittel, pharmazeutische oder kosmetische Produkten oder für Industriegüter (Nitsch, Giersdorf, 2006: 5). Dadurch sind sie relativ unabhängig von Preisschwankungen auf dem Weltmarkt und können je nach ökonomischer Vorteilhaftigkeit bearbeitet werden.

---

35 Agribusiness vereinigt alle mit landwirtschaftlichen Erzeugnissen verbundenen Aktivitäten. Darunter fallen auch Produktion, Verarbeitung, Transport, Verteilung oder ähnliche Vorgänge.

Nach Aussage des brasilianischen Präsidenten stehen ausreichend Flächen zur Produktion von Nahrungsmitteln und Biokraftstoffen zur Verfügung. Im Moment wird zur Ethanolproduktion nur ein Prozent der Fläche Brasiliens genutzt (GIGA, 2008: 3).

Dank des technischen Fortschritts konnte die Produktivität beim Anbau gesteigert und der Konsum von fossilen Treibstoffen im Gegenzug gesenkt werden (Reusser, 2007: 21). Darüber hinaus bietet die steigende Nachfrage nach Rohstoffen für die Biokraftstoffherstellung den Bauern eine potentielle Alternative zum Nahrungsmittelanbau. Auf der einen Seite kann die finanzielle Aufwertung von landwirtschaftlichen Produkten für die Landwirte einen ökonomischen Nutzen bringen. Für die Konsumenten allerdings ist diese Entwicklung mit höheren Lebenshaltungskosten verbunden.

Der vermehrte Ausbau von Zuckerrohr- und Sojaplantagen schafft auf der anderen Seite trotz eines höheren Technisierungsgrades Arbeitsplätze. Dies trifft besonders auf den Süden des Landes zu, wo bis zu einer halben Million neue Stellen geschaffen wurden (vgl. ebd.).

Ein weiterer klarer Nutzen ist der gewachsene politische Einfluss des Landes in der Weltpolitik. Brasilien strebt wie Deutschland einen ständigen Sitz im UN-Sicherheitsrat an.

Die zunehmende wirtschaftliche Bedeutung lockt auch ausländische Investoren an. Internationale Agrar- und Saatgutunternehmen investieren zunehmend in die Biokraftstoffherstellung in Brasilien. Gestützt werden sie von externen Investoren wie zum Beispiel der Deutschen Bank oder Goldman Sachs (GIGA, 2008: 3). Im Gegenzug versperrt diese Entwicklung jedoch wiederum vielen Kleinbauern die Partizipation am Geschäft.

4.5 Biokraftstoff – versus Nahrungsmittelproduktion

Landnutzungsveränderungen beruhen meist auf ökonomischen Chancen, welche wiederum eng an soziale, politische und infrastrukturelle Rahmenbedingungen geknüpft sind (WGBU, 2008: 50).

Im Folgenden soll analysiert werden, ob der vermehrte Anbau von Biokraftstoffen in Brasilien Auswirkungen auf die Nahrungsmittelproduktion und somit auf die Grundversorgung der Bevölkerung hat. Dabei soll auch auf die Frage eingegangen werden, ob der großflächige Anbau von Rohstoffen für die Biokraftstoffgewinnung die Anbauflächen von Nahrungsmittelpflanzen beeinträchtigt hat.

Laut VN-Angaben sterben in Brasilien täglich 280 Kinder im ersten Lebensjahr an Unterernährung. Im Nordosten leben 70% der ärmsten Brasilianer des Landes (Melchers, 2002). Auch wenn in den letzten Jahren viele soziale Programme zur Reduzierung von Hunger und Armut erfolgreich initiiert wurden, leiden immer noch 11,7 Millionen Menschen in Brasilien an Unterernährung (FAO, 2008).

Auf Grund von fehlenden Studien soll die Analyse indirekt erfolgen. Dabei werden Daten zur Entwicklung der Produktionsflächen und Produktionsmengen von Zuckerrohr und Soja herangezogen. Die Flächen und Produktionsmengen der wichtigsten Nahrungsmittel werden dazu in Vergleich gesetzt. Die aktuellsten Zahlen beziehen sich auf den Censo Agropecuário 2006 des brasilianischen Landwirtschaftsministeriums.

4.5.1 Entwicklung der Anbauflächen

Innerhalb der letzten zehn Jahre ist die Fläche für den Ackerbau um 83,5% gewachsen. Im Jahr 2006 standen nach Angaben des Censo Agropecuário 76,7 Millionen Hektar zur Verfügung. Im gleichen Zeitraum ging die Weidefläche Brasiliens um 3% zurück (Martin, 2008: 19). Die größten Zuwächse von ackerbaulich genutzter Fläche sind im Norden des Landes zu verzeichnen. Im Süden und Südosten, den Regionen mit der anteilig am meisten genutzten landwirtschaftlichen Fläche, wurden die geringsten Zuwächse gemessen. Diese Daten sprechen für eine Umwandlung von marginalen Flächen oder Weideland in Süden und Südosten und einem Ausbau der Nutzfläche im Norden. Als Gründe für diese Entwicklungen führt das brasilianische Statistikinstitut IGBE den Anstieg der Getreideproduktion sowie eine Intensivierung der Viehhaltung an (IBGE, 2007 zitiert nach Martin, 2008: 19).

Auch wenn die Daten eine Zunahme der Anbauflächen beweisen, beträgt der Anteil der ackerbaulich genutzten Fläche von 76,7 Millionen Hektar an der Gesamtfläche Brasiliens von 850 Millionen Hektar gerade einmal 9%. Angesichts der enormen Flächenvorkommen in Brasilien, besteht noch reichlich Expansionspotential für den Ackerbau. Schätzungen zufolge ließe sich der Anteil von Flächen für den Anbau von Agrarprodukten verdreifachen, ohne dafür weitere Flächen im Amazonasgebiet zu roden, da geschätzte 60 Millionen Hektar Fläche brach liegen (Erkens, 2008: 4). Allerdings ist dabei zu beachten, dass eine intensive Ausweitung der Anbaufläche für Zuckerrohr und Soja sowie die gleichzeitige Expansion der Viehwirtschaft sich negativ auf die Ökosysteme und die lokale Bevölkerung auswirken werden (Fatheuer, 2007: 5). All diese Faktoren einzubeziehen würde den Umfang dieser Arbeit überschreiten. Einige Kritikpunkte sind in diesem Zusammenhang bereits im vorangegangen Kapitel erörtert worden.

Für die eigentliche Analyse sollen nun die Produktionszahlen für Zuckerrohr und Soja ins Verhältnis zu denen der wichtigsten Nahrungsmittel Mais, Bohnen, Reis und Weizen gesetzt werden. Zu beachten ist hier, dass Zuckerrohr nicht nur zur Ethanolproduktion, sondern auch zur Zuckerproduktion für den internen und externen Markt verwendet wird. Im Moment wird etwa die Hälfte des geernteten Zuckerrohrs zu Ethanol, die andere Hälfte zu Zucker verarbeitet, der wiederum zu 50% exportiert und zu 50% im Inland konsumiert wird (Nitsch, Giersdorf, 2005: 6). Bei Soja fallen neben Biodiesel sogar zwei weitere Endprodukte an: zum einen Speiseöl und zum anderen Futtermittel für die Viehzucht. Der größte Teil der Sojaproduktion fließt in die Futtermittelherstellung, da die Verarbeitung von Soja 80% Sojaschrot hervorbringt. Als Nebenprodukt entstehen bis zu 20% Sojaöl. Laut MAPA hatte Sojaöl 2007 einen Anteil von 90% an der brasilianischen Biodieselproduktion (Fritz, 2008b: 22).

Im Jahr 2006 wurden auf 22 Millionen Hektar Soja und auf 12,6 Millionen Hektar Mais geerntet. Zuckerrohr beanspruchte eine Fläche von 6 Millionen Hektar. Wie aus Abbildung 3 hervorgeht, wurden die restlichen Nahrungsmittelpflanzen (Bohnen, Reis und Weizen) zusammen auf nur insgesamt 8,6 Millionen Hektar angebaut (vgl. Abb. 5).

Addiert man die Flächen für den Soja- und Zuckerrohranbau, erhält man einen Anteil von fast der Hälfte der zur Verfügung stehenden Fläche. Wie jedoch bereits erwähnt, wird nicht die gesamte Zuckerrohr- und Sojaernte zu Biokraftstoffen verarbeitet. Die Hälfte der Zuckerrohrproduktion fließt in die Zuckerherstellung, so dass die Fläche zur Produktion von Ethanol nur etwa 7% der Fläche einnimmt, auf der die hier untersuchten Nahrungsmittel angebaut wurden (Martin, 2008: 20).

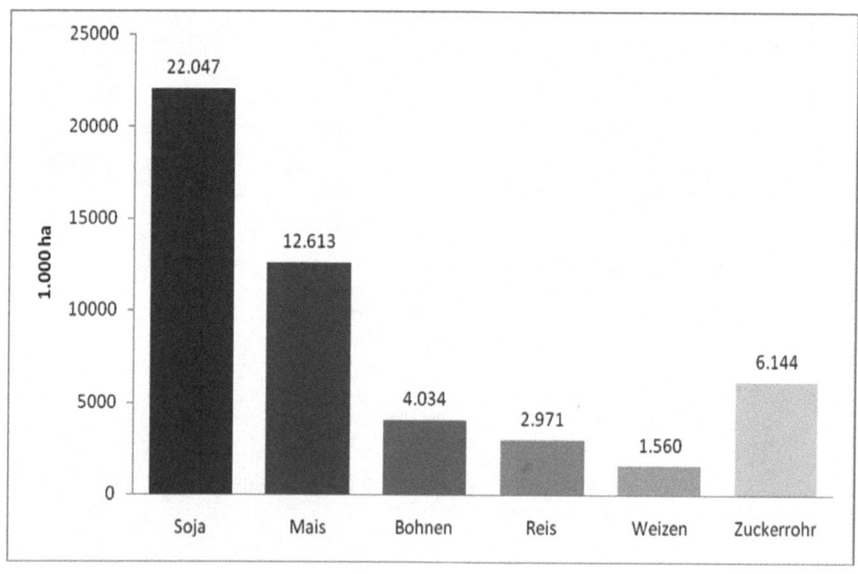

Abbildung 5: Produktionsflächen 2006 (Quelle: eigene Darstellung nach IBGE 2007)

Betrachtet man ferner die Entwicklung der Produktionsflächen von Soja, Mais, Bohnen, Reis, Weizen und Zuckerrohr im Zeitraum von 1995 bis 2006 kann man feststellen, dass sich die Flächen für Soja, Zuckerrohr und Weizen vergrößert haben, die Flächen für Mais, Bohnen und Reis jedoch kleiner wurden. Der deutlichste Flächenzuwachs ist bei Soja zu verzeichnen. So stieg die Erntefläche von 11 Millionen im Jahr 2005 auf ganze 22 Millionen im Jahr 2006 um das Doppelte. Die Weizenproduktionen dehnte sich flächenmäßig um 57% aus (Martin, 2008: 21). Allerdings belegt Weizen trotz der Ausweitung der Produktionsfläche mit 1,5 Millionen Hektar einen vergleichsweisen geringen Anteil an der Gesamtfläche. Die Flächenverluste von Mais, Bohnen und Reis zwischen den Jahren 1995 und 2006 bewegen sich zwischen 0,9 Millionen bei Bohnen und 1,4 Millionen bei Reis. Flächenmäßig fallen diese Verluste im Vergleich zu den hohen Zuwachsraten bei Soja und Zuckerrohr nicht allzu sehr ins Gewicht.

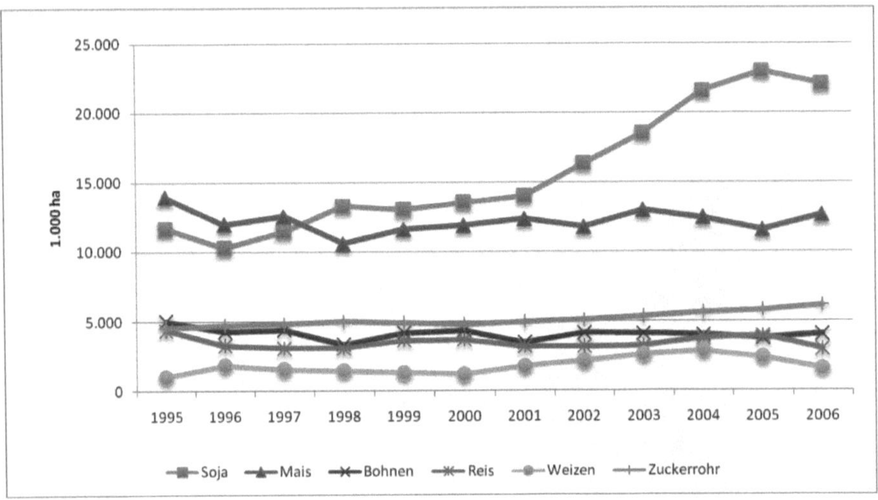

Abbildung 6: Entwicklung der Produktionsfläche (Quelle: eigene Darstellung nach MAPA 2005, IGBE 2007)

Allerdings muss beachtet werden, dass die Einbußen bei Bohnen nahezu ein Fünftel der ursprünglichen Fläche betragen, bei Reis sogar fast ein Drittel. Dies ist insofern als kritisch zu erachten, da Reis und Bohnen Grundnahrungsmittel der brasilianischen Bevölkerung darstellen. Eine Verknappung oder Verteuerung dieser Lebensmittel belastet insbesondere die armen Bevölkerungsschichten. Unter Beachtung des Flächenzuwachses von Zuckerrohr und Soja und des Flächenverlustes von Mais, Bohnen und Reis kann angenommen werden, dass gewisse Verdrängungseffekte stattgefunden haben. Eine weitere Möglichkeit wäre die Verkleinerung der Anbauflächen auf Grund von Produktivitätssteigerung (Martin, 2008: 22).

4.5.2 Entwicklung der Produktion

Um Schlussfolgerungen in Bezug auf die Auswirkungen der vermehrten Produktion von Rohstoffen für die Biokraftstoffherstellung auf die Nahrungsmittelproduktion ziehen zu können, sollen nun im Anschluss an die Produktionsflächen die Produktionsmengen analysiert werden. Dabei soll auch der Frage nachgegangen werden, ob sich die Flächeneinbußen von Mais, Bohnen und Reis negativ auf die Produktionsmengen ausgewirkt haben.

Wie aus Tabelle 4 ablesbar, hat sich die Produktion von Zuckerrohr innerhalb der letzten elf Jahre um das 1,5-fache zugenommen. Die Erntemengen stiegen von 303 Millionen Tonnen im Jahr 1995 auf 457 Millionen Tonnen im Jahr 2006 (IBGE, 2007, zitiert nach Martin, 2008: 23). Den größten Zuwachs verzeichnete jedoch Soja: Der Ertrag verdoppelte sich hier von 25,7 Millionen auf 52,5 Millionen Tonnen.

Die Weizenproduktion erhöhte sich ebenfalls um das 1,5-fache und stieg auf 2,5 Millionen Tonnen (Martin, 2008: 23). Betrachtet man jedoch die Produktionsmengen der letzten drei Jahre, wird ersichtlich, dass sie sich im Vergleich zum Jahr 2003 um fast ein Drittel verringert hat. Im Zusammenhang mit den wachsenden Exportmengen von Weizen der letzten Jahre könnte diese Entwicklung Einfluss auf die Nahrungsmittelversorgung der brasilianischen Bevölkerung genommen haben. Die Produktionsmenge von Reis verzeichnete einen marginalen Gewinn von 300.000 Tonnen. Dennoch ist hier angesichts der Flächenverluste beim Anbau immer noch ein Produktionsgewinn zu verzeichnen. Bei der Langzeitbetrachtung wird ersichtlich, dass die Produktionsmengen der letzten elf Jahre sehr großen Schwankungen unterlagen. Dies kann auf wetterbedingte Missernten ebenso wie auf Flächenumwidmung und Verdrängungseffekte durch Zuckerrohr- und Sojaplantagen zurückgeführt werden. Die Erträge von Mais und Bohnen beliefen sich im Vergleich zu 1995 auf den 1,2-fachen Wert. Damit lagen sie zwar deutlich unter den Wachstumsraten von Zuckerrohr und Soja, jedoch kann nicht davon ausgegangen werden, dass sich die Flächeneinbußen negativ auf die Versorgung auswirkten. Der Flächenrückgang hatte keine Produktionsminderungen zur Folge.

JAHR	SOJA			MAIS			BOHNEN		
	Produktion (1000 t)	Erntefläche (1000 ha)	Hektarertrag (kg/ha)	Produktion (1000 t)	Erntefläche (1000 ha)	Hektarertrag (kg/ha)	Produktion (1000 t)	Erntefläche (1000 ha)	Hektarertrag (kg/ha)
1995	25.683	11.675	2.200	36.267	13.946	2.600	2.946	5.006	588
1996	23.167	10.299	2.249	29.653	11.976	2.476	2.452	4.301	570
1997	26.393	11.486	2.298	32.948	12.562	2.623	2.840	4.402	645
1998	31.307	13.304	2.353	29.602	10.585	2.796	2.191	3.314	661
1999	30.987	13.061	2.372	32.239	11.611	2.777	2.831	4.154	681
2000	32.821	13.557	2.403	32.321	11.890	2.716	3.056	4.333	705
2001	37.907	13.985	2.711	41.962	12.335	3.402	2.454	3.450	711
2002	42.108	16.359	2.574	35.941	11.761	3.056	3.064	4.141	740
2003	51.919	18.525	2.803	48.327	12.966	3.727	3.302	4.091	807
2004	49.550	21.539	2.300	41.788	12.411	3.367	2.967	3.979	746
2005	51.182	22.949	2.230	35.113	11.549	3.040	3.022	3.749	806
2006	52.465	22.047	2.380	42.662	12.613	3.382	3.456	4.034	857

JAHR	REIS			WEIZEN			ZUCKERROHR		
	Produktion (1000 t)	Erntefläche (1000 ha)	Hektarertrag (kg/ha)	Produktion (1000 t)	Erntefläche (1000 ha)	Hektarertrag (kg/ha)	Produktion (1000 t)	Erntefläche (1000 ha)	Hektarertrag (kg/ha)
1995	11.226	4.374	2.567	1.534	995	1.542	303.699	4.559	66,6
1996	8.652	3.255	2.658	3.293	1.796	1.633	317.106	4.750	66,8
1997	6.352	3.058	2.731	2.489	1.522	1.636	331.613	4.814	68,9
1998	7.716	3.062	2.520	2.270	1.409	1.611	345.255	4.986	69,2
1999	11.710	3.613	3.071	2.462	1.250	1.970	333.848	4.899	68,1
2000	11.135	3.665	3.038	1.726	1.159	1.516	326.121	4.805	67,9
2001	10.184	3.143	3.240	3.367	1.723	1.948	344.293	4.958	69,4
2002	10.446	3.142	3.325	3.105	2.105	1.475	364.389	5.100	71,4
2003	10.335	3.181	3.249	6.154	2.560	2.403	396.012	5.371	73,7
2004	13.277	3.733	3.557	5.819	2.807	2.073	415.206	5.632	73,7
2005	13.193	3.916	3.369	4.659	2.361	1.973	422.557	5.806	72,9
2006	11.527	2.971	3.880	2.465	1.560	1.593	457.246	6.144	74,4

Tabelle 4: Entwicklung der Produktion, Ernteflächen und Hektarerträge von Soja, Mais, Bohnen, Reis, Weizen und Zuckerrohr im Zeitraum von 1995-2006 (Quelle: eigene Darstellung nach MAPA 2005, IBGE 2006, IBGE 2007)

Auffälligstes Merkmal dieser Entwicklungen war, dass nur Zuckerrohr und Soja einen sehr geradlinigen Produktionsanstieg aufwiesen, alle anderen Nahrungsmittel jedoch teilweise sogar starken Schwankungen in Produktion und Anbauflächen unterlagen.

Als letztes Kriterium zur Auswertung der möglichen Folgen des Biokraftstoffanbaus auf die Nahrungsmittelproduktion soll nun noch die Produktionsmenge in Relation zur Bevölkerungszahl gesetzt werden. Dabei soll ermittelt werden, ob die produzierte Nahrungsmittelmenge mit dem Bevölkerungswachstum mithalten konnte (Martin, 2008: 24).

Rechnet man die Produktionsmengen je Einwohner um (kg/Person) und vergleicht die beiden Jahre 2000 und 2006 miteinander, so kann man feststellen, dass die Mengen aller hier herangezogenen landwirtschaftlichen Erzeugnisse mit dem Bevölkerungswachstum mithalten konnten. Mehr noch, wie aus Tabelle 5 ersichtlich ist, nahmen bis auf Reis alle Erzeugnisse proportional mehr zu als das Bevölkerungswachstum.

Anbauprodukt	Produktionsmenge (kg/Person)		Anteil (%)
	2000	2006	
Soja	193,53	285,15	47%
Mais	190,58	231,87	22%
Bohnen	18,02	18,79	4%
Reis	65,66	62,65	-5%
Weizen	10,18	13,51	33%
Zuckerrohr	1.922,99	2.485,20	29%

Tabelle 5: Entwicklung der Produktion je Einwohner 2000 bis 20006
(Quelle: eigene Darstellung nach MAPA 2005, IGBE 2007)

Demnach kann geschlussfolgert werden, dass trotz der Ausweitung der Flächen von Zuckerrohr und Soja eine ausreichende Versorgung der Bevölkerung mit Nahrungsmittel gegeben war. Einzig die Produktionsmenge von Reis konnte dem Wachstum nicht standhalten. Bei der Erntemenge pro Kopf ist ein Rückgang um 5% zu verzeichnen (Martin, 2008: 25). Darüber hinaus fällt auch der verhältnismäßig sehr niedrig ausfallende Wachstumswert von Bohnen auf. Die Bohnenerntemenge stieg innerhalb von sechs Jahren nur um 4%.

Diese Ergebnisse stützen die These, dass die brasilianische Landwirtschaft sehr gewinnorientiert arbeitet. Aus den Zahlen ist ersichtlich, dass dem Anbau von Soja, Zuckerrohr, Mais und Weizen - allesamt Exportgüter - der Vorzug gegenüber Reis und Bohnen gegeben wird, welche hauptsächlich zum nationalen Konsum dienen. Anhand der vorliegenden Zahlen ist also die nationale Versorgung gegeben.

4.6 Strategische Partnerschaft zwischen Brasilien und der EU

Die EU gewinnt für Brasilien als Handels- und Investitionspartner immer mehr an Bedeutung. Auf dem EU-Brasilien-Gipfel 2007 in Lissabon wurde eine strategische Partnerschaft beschlossen, die im Dezember 2007 auf dem Gipfeltreffen in Rio de Janeiro durch einen Aktionsplan konkretisiert wurde (Hofmeister, 2008). Der Aktionsplan bekräftigt die bilateralen Beziehungen zwischen Brasilien und der EU und schlägt gemeinsame Maßnahmen in den Bereichen Umwelt, Welthandel, internationales Finanzsystem, Reformierung der Vereinten Nationen und Kernenergie vor. Darüber hinaus sollen die Verhandlungen über ein Assoziationsabkommen des MERCOSUL[36] und der EU beschleunigt werden (Hofmeister, 2008). Trotz einiger Divergenzen, besonders im Bereich der nachhaltigen Zertifizierung von Biokraftstoffen und des CO_2-Ausstoßes, herrschte in den zentralen Fragen weitgehend Übereinstimmung. Streitpunkte bestehen noch über den Marktzugang Brasiliens in die EU sowie die Agrarsubventionen und die EU-Immigrationspolitik. Durch diese strategische Partnerschaft, die ebenfalls mit Ländern wie USA und China besteht, trägt die EU der wachsenden Bedeutung Brasiliens auf dem internationalen Parkett und auf wirtschaftlicher Ebene Rechnung.

Beim Export nimmt die EU für Brasilien eine Spitzenposition ein. 23,7% der exportierten Güter werden an die EU geliefert. Damit ist die EU wichtigster wirtschaftlicher Handelspartner Brasiliens, noch vor den USA, an die 14% der brasilianischen Exporte geliefert werden (Auswärtiges Amt, 2008). Wie aus Tabelle 3 hervorgeht, importierte die EU im Jahr 2008 hauptsächlich landwirtschaftliche Produkte im Wert von 35,5 Milliarden Euro und exportierte Waren im Wert von 2,4 Milliarden Euro nach Brasilien. Schwerpunkt der brasilianischen Außenwirtschaftspolitik bleiben jedoch der MERCOSUL und die bilateralen Abkommen innerhalb Südamerikas.

---

[36] *Mercado Comun do Sul* – Südamerikanische Freihandelszone

Außenhandel (Mrd. Euro)

	2006	%	2007	%	2008	%
Einfuhr der EU	27,2	+ 122,9	32,8	+ 20,6	35,5	+ 8,2
Ausfuhr der EU	17,7	+ 9,9	21,3	+ 20,3	26,4	+ 23,9
Saldo	- 9,5		- 11,5		- 9,1	

Tabelle 6: Exportbeziehungen der EU mit Brasilien (Quelle: Bfai, 2008)

In Bezug auf Biokraftstoffe ist Brasilien weltweit der wichtigste Produzent. Die strategische Partnerschaft eröffnet Brasilien einen großen Absatzmarkt für Biokraftstoffe und sichert Europas Rohstoffimporte auf Grund der engeren Bindung. Eine von der Nichtregierungsorganisation *Friends of the Earth Europe* veröffentlichte Studie prognostiziert einen Flächenbedarf von 15,6 Millionen Hektar im außereuropäischen Ausland, wenn an den Beimischungszielen der EU von Biokraftstoffen für 2020 festgehalten wird (BUND, 2008: 5). Der Flächenbedarf umfasst die nötigen Importe für Ethanol und Soja. Die Flächen würden hauptsächlich in Brasilien zur Verfügung stehen. Der Studie zufolge betrug der Anteil von Sojaöl in europäischem Biodiesel 26%. Dieser wurde vor allem durch Soja aus Brasilien gedeckt. Brasilien verzeichnete in den letzten Jahren, wie unter dem vorangegangenen Gliederungspunkt erläutert, einen massiven Flächenzuwachs bei Soja. Hauptgrund für die Ausweitung ist nicht nur die gesteigerte Nachfrage nach Sojaöl für Biodiesel, sondern vor allem der erhöhte Bedarf an eiweißreichen Futtermitteln für die Viehzucht (BUND, 2008: 6). Der Importbedarf von Sojaschrot der EU betrug 2007 34 Millionen Tonnen. 75% dieser Sojaschrot-Importe stammen aus Brasilien und Argentinien. Darüber hinaus importiert die EU, wenn auch in geringen Mengen, Ethanol aus Zuckerrohr für die Biokraftstoffherstellung. Im Jahr 2007 konnte 70% des Ethanolverbrauchs der EU aus heimischer Produktion gedeckt werden, die restlichen 30% aus Ethanolimporten, die zu 98% aus Brasilien stammten (BUND, 2008: 31). Im Jahr 2007 importierte die EU insgesamt 933 Millionen Liter Ethanol aus Brasilien. Angesichts dieser Zahlen wird das wirtschaftliche Verhältnis zwischen der EU und Brasilien deutlich. Aus den vorliegenden Zahlen kann eine Einflussnahme der Beimischungsziele der EU auf die Produktion in Brasilien geschlossen werden. Die engen wirtschaftlichen Beziehungen der letzten Jahre unterstreichen diese Schlussfolgerung. In der vorangegangenen Analyse der Produktionsflächen konnte ein leichter Rückgang für Nahrungsmittelerzeugnisse auf Grund der Ausweitungen für Rohstoffe zur Biokraftstoffherstellung festgestellt werden. Inwieweit dies Einfluss auf die Versorgungslage der Bevölkerung hat, kann hier nicht ermittelt werden. Fest steht jedoch, dass Brasiliens Präsident auf die gesteigerte Nachfrage nach Biokraftstoffen mit der Ankündigung von weiteren Flächenausweitungen reagiert hat. Gerade bei Tierfuttermitteln ist die EU auf die Sojaimporte aus Brasilien angewiesen und der Bedarf wächst nicht nur in Europa. Auch die USA, China und Indien verzeichnen eine hohe Nachfrage nach Agrarerzeugnissen für die Biokraftstoff- und Futtermittelherstellung. Im Jahr 2007 machten Ölsaaten und ölhaltige Früchte 14,8% des gesamten Exportvolumens Brasiliens aus (Bfai, 2008).

5. Fazit und Ausblick

Die Biokraftstoffproduktion aus nachwachsenden Rohstoffen erfuhr in Brasilien seit den 1970er-Jahren von der Regierung eine starke Förderung. Auf Grund der gestiegenen Ölpreise und der Suche nach einer klimafreundlichen Alternative zu fossilen Kraftstoffen wurde dieses Engagement zusätzlich durch privatwirtschaftliche Initiativen vorangetrieben und gewann auch international immer mehr an Bedeutung.

Durch seine positive Energiebilanz trägt Ethanol, das in Brasilien produziert wird, weltweit zur größten Verringerung von CO_2-Emmissionen bei und ist hinsichtlich der Produktionskosten das einzige Produkt, das ohne Subventionen wettbewerbsfähig ist.

Die Bestrebungen der EU zum Ausbau der energetischen Nutzung von Biokraftstoffen im Verkehrsbereich wurden in nationalen Zielvorgaben festgelegt. Auch andere Länder wie die USA, China und Indien formulierten immer höhere Beimischungsziele. Dabei zeichnete sich ab, dass Länder mit verhältnismäßig hohem Biomassenpotential, wie beispielsweise Brasilien, nicht nur die eigene Versorgung im Sinn haben, sondern verstärkt die Importbedarfe der Industrieländer bedienen möchten (Bringezu, Schütz, 2008: 1). Die steigende Nachfrage nach Biokraftstoffen bedeutet ein Potential zur Wirtschaftsentwicklung, aber gleichzeitig auch eine wachsende Nutzungskonkurrenz um Anbauflächen für Lebensmittel auf der einen Seite und wertvolle Naturschutzgebiete auf der anderen Seite. Ziel dieser Studie war es, die Auswirkungen der aktuellen EU-Biokraftstoffpolitik auf die Nahrungsmittelsituation in Brasilien zu untersuchen. Im dritten Kapitel wurden die Ursachen und Folgen der Nahrungsmittelkrise der vergangenen Jahre erläutert und der Frage der Ernährungssicherung in Verbindung mit dem vermehrten Anbau von Rohstoffen zur Biokraftstofferzeugung nachgegangen. Dabei konnten Biokraftstoffe als ein nicht unerheblicher Faktor für die Preiserhöhungen von Grundnahrungsmitteln identifiziert werden. Mit steigenden Bevölkerungszahlen und der damit verbundenen gesteigerten Nachfrage nach Nahrungsmitteln geht ein wachsender Druck in Richtung Flächenausweitung einher (Bringezu, Schütz, 2008: 3). Die Nachfrage nach Biokraftstoffen auf Basis von Rohstoffen wie Zuckerrohr, Soja oder Mais erhöht den Zwang zur Erweiterung landwirtschaftlicher Flächen zusätzlich. Darüber hinaus müssen noch Faktoren wie die Zunahme von Bodendegradationen und Wetterveränderungen in Folge des Klimawandels berücksichtigt werden.

Die schier grenzenlose Nachfrage nach Energie und der zunehmende Fleischkonsum der westlichen Industrienationen sowie der aufstrebenden Schwellenmächte beanspruchen ein sehr großes Flächenpotential, das meist aus nationalen Vorkommen beziehungsweise Binnenbestand nicht gedeckt werden kann.

Flächenmäßig weist Brasilien das größte Potential auf, um diese Bedürfnisse zu befriedigen. Die optimalen klimatischen Bedingungen sowie die niedrigen Produktionskosten bieten beste Voraussetzungen für den großflächigen Anbau und Export von Biokraftstoffen. Allerdings sollte darunter nicht die nationale Versorgung leiden. Anhand der analysierten Daten der Entwicklung der Anbauflächen und Anbaumengen im Verhältnis zum Bevölkerungswachstum kann für Brasilien keine Gefährdung der Nahrungsmittelproduktion angenommen werden. Nicht nur die Flächen für Zuckerrohr und Soja wurden ausgeweitet, sondern es ist ein Ausbau der Produktionsflächen bei nahezu allen Nahrungsmitteln festzustellen (Martin, 2008: 28). Allerdings ist eine überdurchschnittliche Steigerung der Produktionsflächen für Zuckerrohr vor allem in den südlichen und südöstlichen Regionen und für Soja in den nördlichen Regionen zu verzeichnen. Diese hauptsächlich in Monokultur angebaute und exportorientierte Produktion von Energiepflanzen zieht eine veränderte Flächennutzung nach sich. Die ungleiche Konzentration des Landbesitzes wird durch diese Entwicklungen eher verstärkt als abgemildert. Kleinbäuerliche Produzenten haben unter dieser Situation zu leiden. Obwohl es in Brasilien ambitionierte Sozialprogramme gibt, die eine Landumverteilung zu Gunsten landloser Familien vorsehen, gerät diese Agrarreform immer stärker in Konflikt mit der Agroenergiepolitik (Fritz, 2008b: 75). In Brasilien stammen 70% der Grundnahrungsmittel aus kleinbäuerlicher Landwirtschaft. Durch die Flächenausweitungen für die Produktion von Zuckerrohr und Soja besteht jedoch die Gefahr, dass es zu einer Reduktion der Anbauflächen für Nahrungsmittel kommt, die zu Engpässen bei der Versorgung führen könnte. Viele Kleinbauern in den Randgebieten großer Plantagen verkaufen ihre Flächen, da sie sich die Pacht auf Grund der gestiegenen Bodenpreise nicht mehr leisten können oder im schlimmsten Fall sogar von den Feldern vertrieben werden. Dadurch wird die regionale Verfügbarkeit von Nahrungsmitteln vermindert. In den zentralwestlichen Bundesstaaten ist schon jetzt ein Verdrängungseffekt der Milchproduktion und des Gemüseanbaus durch die Ausweitung der Zuckerrohrplantagen zu verzeichnen (Fritz, 2008b: 68).

Das Sozialsiegel des PNPD zur Einbindung von Kleinbauern in die Produktionskette von Biokraftstoffen stellt im Kern einen richtigen und vor allem wichtigen Ansatz dar, um die Biokraftstoffproduktion nachhaltig mit der Ernährungssouveränität zu verbinden. Besonders gefördert wird hier der Rizinusanbau in Mischkultur mit Bohnen zur Erzeugung von Biodiesel. Damit könnte sogar ein Beitrag zur Nahrungsmittelproduktion geleistet werden. Allerdings zeigen erste Erkenntnisse über das Programm, dass drei Viertel der Biodieselproduktion aus genmanipuliertem Soja aus Monokulturanbau stammen (Fritz, 2008: 69). Hier ist eine genau gegenteilige Entwicklung als die gewünschte zu beobachten: Kleinbauern geben die Nahrungsmittelproduktion zu Gunsten der finanziell geförderten Biodieselproduktion auf und verringern das lokale Angebot an Lebensmitteln noch mehr.

Trotz all dieser Entwicklungen kann für Brasilien dennoch nicht davon ausgegangen werden, dass die Biokraftstoffproduktion nennenswerte und längerfristige Auswirkungen auf die Nahrungsmittelproduktion zur Folge hat. Im Moment steht ausreichend Fläche für die Erweiterung des Zuckerrohr- und Sojaanbaus sowie für die Produktion von Nahrungsmitteln zur Verfügung. Dennoch muss mit Sorge auf die Ausbaupläne der Regierung reagiert werden. Sollte Präsident Luiz Inácio Lula da Silva sein Versprechen einlösen, bis zum Jahr 2025 10% des weltweiten Benzinbedarfs mit Ethanol abzudecken, müsste die Anbaufläche für Zuckerrohr um 23 Millionen Hektar vergrößert werden. Hinzu kommen etwa 20 Millionen Hektar Fläche für die Ausweitung des Sojaanbaus, um die Nachfragen aus der EU und den USA zu befriedigen. Insgesamt rechnet das Ministerium für Agrarentwicklung mit einem Flächenbedarf für Energiepflanzen von zusätzlich 50 Millionen Hektar (Bredenbeck, 2007). Das entspricht etwa einem Viertel der gesamten landwirtschaftlich nutzbaren Fläche Brasiliens.

Auch wenn die größte Menge der hergestellten Biokraftstoffe in Brasilien im Moment noch für den Binnenmarkt produziert wird, geht der stärkste Anreiz doch von den internationalen Anfragen und der Aussicht auf stark ansteigende Exportzahlen aus (Fritz, 2008b: 74). Daher tragen auch die Importstaaten wie die EU eine gewisse Verantwortung für die Folgen des extremen Ausbaus. Das Beimischungsziel der EU von 10% Biokraftstoffen im Verkehrssektor bis 2020 impliziert wachsende Importe aus dem Ausland, auch wenn der Import inzwischen an gewisse Nachhaltigkeitskriterien geknüpft wird (Fritz, 2008b: 74).

Der aktuellen Debatte um die Zertifizierung von Biokraftstoffen wird von Seiten Brasiliens Rechnung getragen. Bereits seit Mitte 2008 arbeitet die brasilianische Regierung an einem Gütesiegel, das eine nachhaltige Produktion unter vertretbaren umwelt- und sozialtechnischen Kriterien garantieren soll (Hermanns, 2007: 5). In São Paulo wurde bereits eine Zoneneinteilung für die Produktion und industrielle Weiterverarbeitung von Zuckerrohr basierend auf Nachhaltigkeitskriterien eingeführt (Hermanns, 2007). Allerdings bezweifelt die Mehrheit der brasilianischen Nichtregierungsorganisationen, dass ein Zertifizierungssystem wesentlich zur Lösung der Verteilungsproblematik beitragen könnte, da die Frage der Landnutzung in ihrer Komplexität gar nicht zu erfassen sei. Diese sollte jedoch im Mittelpunkt der Debatte stehen (Fatheuer, 2007: 6). Eine nachhaltige Lösung könnte nach Aussage des *Brasilianischen Forums der Nichtregierungsorganisationen und sozialen Bewegungen* (FBOMS) nur eine grundlegende Änderung der Agrarreform bewirken, die auf dem System der Ernährungssicherheit basiert und genügend Grund und Boden für den Binnenmarkt zur Verfügung stellt, anstatt Kapital zu erzeugen. Insofern ist die Aussage des brasilianischen Ministers für Landwirtschaft und Versorgung, Reinhold Stephanes, kritisch zu betrachten. Er beteuerte in einem Interview im September 2008: „Im Fall von Brasilien [...] verträgt sich die Lebensmittelproduktion mühelos mit der Herstellung von Biokraftstoff. Dies bedeutet, dass es in Brasilien keine Konkurrenz zwischen Nahrungsmitteln und Biokraftstoff gibt." (BayerCropScience, 2008).

Die ehrgeizigen Ziele der Agrarenergiepolitik von Präsident Luiz Inácio Lula da Silva sowie der hohe Bedarf an Biokraftstoffen von Seiten der EU erschweren jedoch die Versuche, die Biokraftstoffproduktion effektiv an nachhaltig soziale und ökologische Standards zu binden, ohne dabei in Konkurrenz zur Nahrungsmittelproduktion zu treten (Fritz, 2008b: 74).

6. Literaturverzeichnis

Abdulai, Awudu; Ramcke, Linda (2009): Auswirkungen der Biokraftstoffproduktion auf die Ernährungssicherheit. In: Journal für Verbraucherschutz und Lebensmittelsicherheit 4/ 2009: 160-163.

Bundesamt für Verbraucherschutz und Lebensmittelsicherheit. Bonn: Birkhäuser.

Auswärtiges Amt (2008): Brasilien. http://www.auswaertiges-amt.de/diplo/de/Laender-informationen/01-Laender/Brasilien.html [01.06.2009]

BayerCropScience (2008): Nahrungsmittelpreise und Biokraftstoffe keine Konkurrenten. Interview mit Reinhold Stephanes, brasilianischer Minister für Landwirtschaft und Versorgung vom 12. September 2008, http://www.bayercrop-science.com/bcsweb/cropprotection.nsf/id/DE_2008-NST-041?open&l=DE&ccm =500030 [05.06.2009]

BDB, Bundesverband der deutschen Bioethanolwirtschaft e.V. (2009a): Rechtliche Grundlagen für Bioethanol in der EU und Deutschland. http://www.lab-bio-kraftstoffe.de/Recht.html [06.04.2009]

BDB, Bundesverband der deutschen Bioethanolwirtschaft e.V.(2009b): Bioethanol weltweit. Schweden. http://www.lab-biokraftstoffe.de/Bioethanol-weltweit.html [08.09.2009]

Bfai (Bundesamt für Außenwirtschaft) (2008): Wirtschaftsdaten kompakt. Brasilien. Köln,https://www.gtai.de/ext/anlagen/MktAnlage_5981.pdf?show=true [01.06.2009]

BfN (Bundesamt für Naturschutz) (2008a): Bioenergie und Biodiversität. Hintergrundinfo. UN-Naturschutzkonferenz Bonn 2008. Bonn

BfN (Bundesamt für Naturschutz) (2008b): Welternährung, Biodiversität und Gentechnik. Kann die Agro-Gentechnik zur naturverträglichen und nachhaltigen Sicherung der Welternährung beitragen? Positionspapier. Bonn

BMELV (Bundesministerium für Ernährung, Landwirtschaft und Verbraucherschutz) (2006): Kraftstoffe aus nachwachsenden Rohstoffen – Globale Potentiale und Implikationen für eine nachhaltige Landwirtschaft und Energieversorgung im 21. Jahrhundert. Konferenzhandreichung. Berlin

BMELV (Bundesministerium für Ernährung, Landwirtschaft und Verbraucherschutz) (2008): Globale Ernährungssicherung durch nachhaltige Entwicklung und Agrarwirtschaft. Bericht der Ressortarbeitsgruppe „Welternährungslage" an das Bundeskabinett. Berlin

BMLFUW (Bundesministerium für Land- und Forstwirtschaft, Umwelt und Wasserwirtschaft des Landes Österreich) (2007): EU-Konferenz diskutiert globale Mindeststandards für Biosprit Mandelson im Streit mit EU-Landwirten um Biosprit-Importe in die EU. http://www.bmlfuw.gv.at/article/articleview/58754/1/17626 [26.09.2009]

BMU (Bundesministerium für Umwelt, Naturschutz und Reaktorsicherheit) (2008): Bundeskabinett beschließt Gesetz zur Änderung der Förderung von Biokraftstoffen. Pressemitteilung. http://www.bmu.de/pressemitteilungen/aktuelle_pressemitteilungen/pm/42433.php [12.05.2009]

Brandt, Peter (2009): Welternährung und Klimawandel – ein komplexes Problem. In: Journal für Verbraucherschutz und Lebensmittelsicherheit 4/2009: 34-38. Bundesamt für Verbraucherschutz und Lebensmittelsicherheit. Bonn: Birkhäuser Verlag

Braun, Joachim von (2008a): Steigende Nahrungsmittelpreise – Was ist zu tun? International Food Policy Research Institute (IFPRI). IFPRI Policy Brief. Washington

Braun, Joachim von (2008b): Hohe Nahrungsmittelpreise – Konzepte für die Wege aus der Krise. Food Policy Research Institute (IFPRI). IFPRI Policy Paper. Washington

Bräuninger, Michael; Leschus, Leon; Vöpel, Henning (2006): Biokraftstoffe – Option für die Zukunft? Ziele, Konzepte, Erfahrungen. Hamburgisches WeltWirtschafts Institut (HWWI). HWWI Policy Report Nr. 1. Hamburg

Bräuninger, Michael; Leschus, Leon; Vöpel, Henning (2008a): Nachhaltigkeit von Biokraftstoffen: Ziele, Probleme, Instrumente und Lösungen. Hamburgisches WeltWirtschafts Institut (HWWI). Wirtschaftsdienst. Hamburg

Bräuninger, Michael; Leschus, Leon; Völpel, Henning (2008b): Nachhaltigkeit von Biokraftstoffen: Ziele, Probleme und Instrumente. In: Wirtschaftsdienst Zeitung für Wirtschaftspolitik 2008. DOI: 10.1007/s10273-008-0752-3. Hamburg

Bräuninger, Michael; Schröer, Sebastian; Schulze, Sven (2009): Biokraftstoffe: Ziele, Chancen und Risiken. Hamburgisches WeltWirtschafts Institut (HWWI). HWWI Policy Paper 1-11 des HWWI-Kompetenzbereiches Wirtschaftliche Trends. Hamburg

Bringezu, Stefan; Schütz, Helmut (2008): Flächennutzungskonflikte – Ursachen, Folgen und Lösungsansätze. Technikfolgenabschätzung – Theorie und Praxis. Institut für Technikfolgenabschätzung und Systemanalyse (ITAS). Karlsruhe

Brockmeier, Martina (2008): Hunger – ein vielschichtiges Problem. Die Entwicklung der Nahrungsmittelpreise und ihre Auswirkungen auf die Welternährungssituation. In: Forschungsreport 2/2008: 4-7. Zeitschrift des Senats der Bundesforschungsinstitute. Braunschweig

Brot für die Welt (2009): Energie vom Acker. Wie viel Bioenergie verträgt die Erde? Diskussionsbeitrag Agroenergie. Stuttgart

BUND (Bund für Umwelt und Naturschutz Deutschland) (2008): Für Fleisch nicht die Bohne! Futter und Agrarkraftstoff – Flächenkonkurrenz im Doppelpack. Eine Studie zum Sojaanbau für die Erzeugung von Fleisch und Milch und für den Agrokraftstoffeinsatz in Deutschland 2007. Berlin

Buntzel, Rudolf (2008): Nach der Krise. Internationale Agrarpolitik. In: E+Z Entwicklung und Zusammenarbeit, Nr. 11 2008, 49. Jahrgang, Schwerpunkt, S. 408-413. Frankfurt am Main

Calcagnotto, Gilbert (2007): Die brasilianische Agrarpolitik und ihre sozialen Auswirkungen. In: Bernd Rill (Hg.): Brasilien: Großmacht in Lateinamerika. Akademie für Politik und Zeitgeschehen der Hanns Seidel Stiftung. S. 93-108. München

CIA (Central Intelligence Agency) (2008): The world factbook. Brazil. https://www.cia.gov/library/publications/the-world-factbook/geos/BR.html [29.05.2009]

Collier, Paul (2008): Die unterste Milliarde. Warum die ärmsten Länder scheitern und was man dagegen tun kann. München: Verlag C.H. Beck oHG

CONAB (Companhia Nacional de Abastecimento) (2008): Acompanhamento da Safra Brasileira. Cana-de-açúcar. Safra 2008. Primeiro Levantamento. Abril/2008. http://www.conab.gov.br/conabweb/download/safra/1_levantamento2008_abr2008.pdf [31.05.2009]

DESTATIS (Statistisches Bundesamt) (2006): Länderprofil Brasilien. http://www.destatis.de/jetspeed/portal/cms/Sites/destatis/Internet/DE/Content/Publikationen/Fachveroeffentlichungen/Laenderprofile/Content75/Brasilien,property=file.pdf [28.05.2009]

Dufey, Annie (2007): International trade in biofuels: Good for development? And good for environment? Arbeitspapier des International Institute for Environment and Development (IIED) http://www.iied.org/pubs/pdf/full/11068IIED.pdf [09.09.2009]

EEA (Europäische Umweltagentur) (2009): Europa muss seine Verkehrspolitik in die richtige Richtung lenken. Pressemitteilung vom 31.03.2009. http://www.eea.europa.eu/de/pressroom/newsreleases/europa-muss-seine-verkehrspolitik-in-die-richtige-richtung-lenken [29.09.2009]

Erkens, Rainer (2008): Die Diskussion um Bioäthanol, Klimaschutz und Nahrungsmittel aus brasilianischer Sicht. Hintergrundpapier Nr. 5/2008. Friedrich-Naumann-Stiftung für die Freiheit. Potsdam

EU-Info (2009): Erneuerbare Energie gewinnt an Bedeutung. http://eu-info.de/europa/EU-Energiepolitik/ [20.05.2009]

EurActiv (2006): Biokraftstoffe für den Verkehr. Links Dossier. http://www.euractiv.com/de/verkehr/biokraftstoffe-verkehr/article-152944 [20.04.2009]

EurActiv (2007): EU-Politik für Erneuerbare Energien. Links Dossier. http://www.euractiv.com/de/energie/eu-politik-erneuerbare-energien/article-145024 [22.08.2009]

EurActiv (2008): Biokraftstoffe der nächsten Generation. Links Dossier. http://www.euractiv.com/de/energie/biokraftstoffe-nchsten-generation/article-166710 [22.08.2009]

EurActiv (2009): Energie und Klimawandel: Auf dem Weg zu einer umfassenden EU-Politik. Links Dossier. http://www.euractiv.com/de/energie/energie-klimawandel-weg-umfassenden-eu-politik/article-160987 [20.04.2009]

EUROPA (2008a): Weltweit steigende Lebensmittel – Kommission schlägt Maßnahmen der EU zur Milderung der Folgen vor. Pressemitteilung, IP/08/763. Brüssel, http://europa.eu/rapid/pressReleasesAction.do?reference=IP/08/763&format=HTML&aged=0&language=DE&guiLanguage=en [23.05.2009]

EUROPA (2008b): EU untersucht Biodiesel-Importe aus den USA. Pressemitteilung, IP/08/936. Brüssel, http://europa.eu/rapid/pressReleasesAction.do?reference=IP/08/936&format=HTML&aged=0&language=DE&guiLanguage=en [18.09.2009]

Europäische Kommission (2006): Eine EU-Strategie für Biokraftstoffe. KOM (2006) 34 endgültig vom 08.02.2006. Mitteilung der Kommission. Brüssel http://ec.europa.eu/agriculture/biomass/biofuel/index_de.htm [01.05.2009]

Europäische Kommission (2007b): Fortschrittsbericht Biokraftstoffe. Bericht über die Fortschritte bei der Verwendung von Biokraftstoffen und anderen erneuerbaren Kraftstoffen in den Mitgliedsstaaten der Europäischen Union. KOM (2006) 845 endgültig vom 10.01.2007. Mitteilung der Kommission an den Rat und das Europäische Parlament. Brüssel

Europäische Kommission (2008a): Vorschlag für eine Richtlinie zur Förderung der Nutzung von Energie aus erneuerbaren Quellen. KOM (2007) 19 endgültig vom 31.08.2008. Vorschlag für eine Richtlinie des Europäischen Parlaments und des Rates. Brüssel

Europäische Kommission (2008b): Weltweit steigende Lebensmittelpreise – Kommission schlägt Maßnahmen der EU zur Milderung der Folgen vor. Pressemitteilung vom 20.05.2008. http://europa.eu/rapid/pressReleasesAction.do?reference=IP/08/763&format=HTML&aged=0&language=DE&guiLanguage=en [15.09.2009]

Europäische Kommission (2009): Fortschrittsbericht Erneuerbare Energien. KOM(2009) 192 endgültig vom 24.04.2009. Bericht der Kommission gemäß Artikel 3 der Richtlinie 2001/77/EG und Artikel 4 Absatz 2 der Richtlinie 2003/30/EG sowie über die Umsetzung des EU-Aktionsplans für Biomasse (KOM(2005)628). Mitteilung der Kommission an den Rat und das Europäische Parlament. Brüssel

Europäische Kommission (2007a): Fahrplan für erneuerbare Energien. Erneuerbare Energien im 21. Jahrhundert: Größere Nachhaltigkeit in der Zukunft. KOM (2006) 848 endgültig vom 10.01.2007. Mitteilung der Kommission an den Rat und das Europäische Parlament. Brüssel

Europäisches Parlament (2008a): Gemeinsame Politiken – Die Umweltpolitik. Kurzdarstellung der europäischen Union. Brüsselhttp://www.europarl.europa.eu/parliament/expert/displayFtu.do?language=de&id=74&ftuId=FTU_4.10.1.html [30.08.2009]

Europäisches Parlament (2008b): EP verabschiedet EU-Klimapaket. Pressemitteilung des Europäischen Parlaments vom 16.12.2008. Brüssel. http://www.europarl.europa.eu/elections2009/highlights/product.htm?ref=20090120TMN46720&secondRef=0§ion=3&language=DE [22.04.2009]

FAO (Food and Agricultural Organization of the United Nations) (2005a): Agricultural Trade and Poverty – Can Trade Work for the Poor? FAO. Rom ftp://ftp.fao.org/docrep/fao/008/a0050e/a0050e_full.pdf [12.05.2009]

FAO (Food and Agricultural Organization of the United Nations) (2005b): Major Food and Agricultural Commodities and Producers. Brazil. 2005. http://www.fao.org/es/ess/top/topproduction.html?lang=en&country=21&year=2005 [01.06.2009]

FAO (Food and Agricultural Organization of the United Nations) (2008a): The State of Food Insecurity in the World

FAO (Food and Agricultural Organization of the United Nations) (2008b): Food Outlook – Global Market Analysis. November 2008

FAO (Food and Agricultural Organization of the United Nations) (2009): Food Price Indices.2009 http://www.fao.org/worldfoodsituation/FoodPricesIndex/en/ [12.05.2009]

FAO (Food and Agricultural Organization of the United Nations) /OECD (Organisation for Economic Co-operation and Development) (2008): Agricultural Outlook 2008-2027. Rom, http://www.fao.org/es/ESC/common/ecg/550/en/AgOut2017E.pdf [17.04.2009]

FAPRI (Food and Agriculture Policy Research Institute) (2008): U.S. and World Agricultural Outlook. FAPRI Staff Report 08-FSR 1, http://www.fapri.iastate.edu/outlook/2009/text/14WorldBiofuels.pdf [11.09.2009]

Fatheuer, Thomas (2007): Mit Agrotreibstoffen aus Brasilien gegen den Klimawandel?". In: Gabbert, Karin; Gabbert, Wolfgang; Goedeking, Ulrich; Heidhues, Annette Nana; Huffschmid, Anne; Krämer, Michael; Schulte, Christiane u. Stanley, Ruth (Hrsg.) (2007): Jahrbuch Lateinamerika. Analysen und Berichte 31. Rohstoffboom mit Risiken. Münster, S. 63-74.

Fatheuer, Thomas (2008): Politsicher Jahresbericht Brasilien 2007/2008. Heinrich Böll Stiftung. Regionalbüro Brasilien. Rio de Janeiro

Fischer Boël, Mariann (2008): Biokraftstoffe: Ein Kraftstoff, der viel zu wertvoll ist, um als Sündenbock abgestempelt zu werden. Rede auf der Veranstaltung des Europäischen Zentrums für Politik (EPC) zum Thema Grundsatzdialog über Biokraftstoffe. Brüssel, http://wko.at/bsv/Biokraftstoffe_A.pdf [05.06.2009]

FNR (Fachagentur Nachwachsende Rohstoffe e.V.) (2009): Biokraftstoffe. Eine vergleichende Analyse. Gülzow

Fritz, Thomas (2008a): Dem Weltmarkt misstrauen. Die Nahrungskrise nach dem Crash. Forschungs- und Dokumentationszentrum Chile-Lateinamerika – FDCL e.V. Berlin

Fritz, Thomas (2008b): Agroenergie in Lateinamerika. Fallstudie anhand vier ausgewählter Länder: Brasilien, Argentinien, Paraguay und Kolumbien. Herausgegeben vom Diakonischen Werk der EKD e.V. für die Aktion „Brot für die Welt". Stuttgart

Gammelin, Cerstin (2009): Hoher Ölpreis bedroht Ernährung. In: Süddeutsche Zeitung vom 13.07.2009. http://www.sueddeutsche.de/wirtschaft/776/480258/text/5/print.html [12.08.2009]

Gattermayer, Fritz (2006): Ethanol – Ein weltweiter Überblick. In: I. Darnhofer, C. Walla und H.K. Wytrzens (Hrsg.). Alternative Strategien für die Landwirtschaft. Wien: Facultas, S. 145-164

Geden, Oliver (2008): Die Implementierung des EU-Energieaktionsplans. Europäische Energie- und Klimapolitik im Spannungsfeld von Sorgfalt und Zeitdruck. SWP Aktuell 25. Stiftung Wissenschaft und Politik. Berlin: Deutsches Institut für Internationale Politik und Sicherheit

Geden, Oliver; Fischer, Severin (2009): Die Energie- und Klimapolitik der Europäischen Union, Bestandsaufnahme und Perspektiven. Baden-Baden: Nomos

GIGA (German Institute of Global and Area Studies) (2007): Brasilien – Regionalmacht mit globalen Ambitionen. Institut für Lateinamerika-Studien. Daniel Flemes. Hamburg

GIGA (German Institute of Global and Area Studies) (2008): Bioenergie aus Lateinamerika: Nachhaltiger Kraftstoff oder öko-sozialer Zündstoff? Institut für Lateinamerika-Studien. Frank Zirkl. Hamburg

Greenpeace (2008): Agrosprit. „Neuausrichtung" bei den sogenannten „Bio"-Kraftstoffen. Was hat sich geändert? http://www.greenpeace.de/fileadmin/gpd/user_upload/themen/waelder/FS_Agrosprit_NEU.pdf [28.08.2009]

GSI (Global Subsidies Initiative) (2007): Biofuels – At what cost? Government support for Ethanol and Biodiesel in the European Union. Genf http://www.globalsubsidies.org/files/assets/Subsidies_to_biofuels_in_the_EU_final.pdf [02.03.2009]

GTZ (Deutsche Gesellschaft für Technische Zusammenarbeit GmbH) (2009): Das Menschrecht auf Nahrung und der Agrarhandel. In: Themenblatt: People, Food and Biodiversity. Eschborn

Haaren, Christina von (2007): Entwicklung einer Methode zur Bewertung der Arten- und Biotopvielfalt in Ökobilanzen am Beispiel biogener Kraftstoffe. Forschungsprojekt der Leibniz Universität Hannover

Halbauer, Manuel (2009): Editorial. In: Aus Politik und Zeitgeschichte. 6-7 2009. Herausgegeben von der Bundeszentrale für politische Bildung. Bonn

Hees, Wolfgang; Müller, Oliver; Schüth Matthias (Hrsg.) (2007): Volle Tanks – leere Teller. Der Preis der Agrarkraftstoffe: Hunger, Vertreibung, Umweltzerstörung. Caritas International. Freiburg: Lambertus Verlag

Henke, Jan (2005): Biokraftstoffe – Eine weltwirtschaftliche Perspektive. Kieler Arbeitspapier Nr. 1236. Institut für Weltwirtschaft. Kiel. http://www.ifw-members.ifw-kiel.de/publications/biokraftstoffe-eine-weltwirtschaftliche-perspektive/kap1236.pdf [26.04.2009]

Hennicke, Peter; Fischedick, Manfred (2007): Erneuerbare Energien. München: C.H. Beck oHG (Lizenzausgabe für die Bundeszentrale für politische Bildung).

Henniges, Oliver (2007): Bioethanol: Brasilien kennt kein Cross Compliance. Interview mit Dr. Oliver Henniges in: Zuckerrübenjournal 20/2007: 12-13.

Hermanns, Klaus (2007): Brasilien: Auf der Gewinnerseite des Klimawandels?. Klimareport Brasilien. Focus Brasilien 6/2007. Konrad-Adenauer-Stiftung. Landesbüro Rio de Janeiro

Herren, Hans Rudolf (2009): Die Ernährungskrise – Ursachen und Empfehlungen. In: Aus Politik und Zeitgeschichte. 6-7 2009. Herausgegeben von der Bundeszentrale für politische Bildung, S. 9-15. Bonn

Hey, Christian (2005): EU-Umweltpolitik: Ein kurzer historischer Überblick über die politischen Strategien. In: Handbuch der EU-Umweltpolitik

Hofmeister, Wilhelm (2008): Die Gipfelblase. Brasiliens Gipfeltreffen mit Lateinamerika und der Europäischen Union. KAS Konrad-Adenauer-Stiftung. Fokus Brasilien. Rio de Janeiro

Hönicke, Mareille; Meischner, Tabea (2009): Landwirtschaft für Tank, Teller oder Trog. Der Anbau von Agrarkraftstoffen und die Folgen für die Ernährungssicherung in Brasilien und Tansania. Eine Studie des Forums für Internationale Agrarpolitik FIA e.V. (BUKO Agrar Koordination). Hamburg

IBGE (Instituto Brasileiro de Geografia e Estatística) (2007): Censo Agropecuário 1920/2006. Rio de Janeiro, http://www.ibge.gov.br/series_estatisticas/exibedados.php?idnivel=BR&idserie=AGRO03 [02.06.2009]

IEA (International Energy Agency) (2007): World Energy Outlook 2007.China and India Insights. http://www.iea.org/textbase/nppdf/free/2007/weo_2007.pdf [29.04.2009]

ISCC (International Sustainability & Carbon Certification) (2009): Nachhaltigkeit und globale Verantwortung. http://www.iscc-project.org/nachhaltigkeit [15.05.2009]

Janssen, Rainer; Rutz, Dominik (2008): Nachhaltigkeit von Biokraftstoffen im internationalen Kontext. Beitrag zum 17. Symposium Bioenergie vom 20./21. November 2008. WIP Renewable Energies. München, http://www.compete-bioafrica.net/publications/publ/2008_17_OTTI_Sustainability.pdf [21.03.2009]

Kliem, Klaus (2007): Biokraftstoffe heute und morgen – europäische und deutsche Strategien. Beitrag auf dem ersten internationalen Kongress zu Pflanzenöl-Kraftstoffen. Erfurt

Kyoto-Protokoll (1997): Protokoll von Kyoto. Zum Rahmenabkommen der Vereinten Nationen über Klimaänderungen. Kyoto, http://www.bmu.de/files/pdfs/allgemein/application/pdf/protodt.pdf [30.04.2009]

Lindhauer, Meinolf G. (2008): Nimmt uns die Getreideverbrennung das tägliche Brot? Eine Datenanalyse zu Getreideernten und –verbräuchen In: Forschungsreport 2/2008: 18-21. Zeitschrift des Senats der Bundesforschungsinstitute. Braunschweig

Lohbauer, Christian (2008): Biotreibstoffe versus Nahrungsmittel: eine falsche Debatte. In: Revista Brasil Alemanha. Maio 2008. S. 22, http://www.ahk.org.br/extranet/revista/2004/com_politico_maio_alem_2008.pdf [26.05.2009]

Lüdke, Jens (2007): Biomasseanbau und Naturschutz. Hamburg: Diplomica Verlag

Mahotra, Kamal (2003): Making Global Trade Work for People. UNDP. New York

MAPA (Ministério da Agricultura, Pecuária e Abastecimento) (2005): Agricultura Brasileira em Números. Anuário 2005. http://www.agricultura.gov.br/ [28.05.2009]

MAPA (Ministério da Agricultura, Pecuária e Abastecimento) (2008): Estatísticas. Produção. http://www.agricultura.gov.br/ [28.05.2009]

Martin, Luisa (2008): Brasiliens Ethanol-Produktion: Auswirkungen der Biokraftstoffherstellung aus Zuckerrohr auf die Lebensmittelproduktion. Bachelorarbeit im Studiengang „International Cultural and Business Studies" der Universität Passau, http://www.uni-koeln.de/phil-fak/pbi/miradouro/martin_2008.pdf [14.04.2009]

Melchers, Ingo (2002): Agrarreform und Armutsbekämpfung in Brasilien. In: E+Z – Entwicklung und Zusammenarbeit. Nr.11, November 2002: 316-318, herausgegeben von InWEnt - Internationale Weiterbildung und Entwicklung GmbH, Frankfurt

Mitchell, Donald (2008): A note on rising food prices. Policy Research Working Paper 4682. The World Bank, Washington

Nitsch, Manfred; Giersdorf, Jens (2005): Biotreibstoffe in Brasilien. Diskussionsbeiträge des Fachbereichs Wirtschaftwissenschaften der Freien Universität Berlin. Nr. 12/2005. Berlin, http://www.pfalz.ihk24.de/produktmarken/international/ Laender_Maerkte/laender_regionen/anhaengsel14018/anhaengsel/Biotreibstoffe_text18 .pdf [28.03.2009]

Nitsch, Manfred; Giersdorf, Jens (2006): Biokraftstoffe zwischen Euphorie und Skepsis – am Beispiel Brasilien. In: Jahrbuch Ökologie 2007. München: Beck. http://www.pfalz.ihk24.de/produktmarken/international/Laender__Maerkte/laeder_regionen/anhaengsel14018/anhaengsel/Biokraftstoffe_04_2006_Nitsch_Berlin.pdf [28.03.2009]

Nützenadel, Alexander (2009): Entstehung und Wandel des Welternährungssystems im 20. Jahrhundert. In: Aus Politik und Zeitgeschichte. 6-7 2009. Herausgegeben von der Bundeszentrale für politische Bildung, S.3-8. Bonn

OECD (Organisation for Economic Co-operation and Development) (2008): Rising Food Prices. Causes and Consequences. Paris. http://www.oecd.org/dataoecd/54/42/40847088.pdf [01.05.2009]

Paasch, Armin (2006): Der Handel mit dem Hunger. Agrarhandel und das Menschenrecht auf Nahrung. Forum Umwelt und Entwicklung. FIAN. Gerechtigkeit jetzt! – Die Welthandelskampagne. Bonn

Pfennig, Andreas (2008): Zukunftsperspektive. AVT - Thermische Verfahrenstechnik. Aachen: Rheinisch-Westfälische Technische Hochschule. http://www.avt.rwth-aachen.de unter Forschung/Umweltverfahrenstechnik/ Globale Bilanzen [17.04.2009]

Reijnders, Lucas (2009): Transport biofuels: Can they help limiting climate change without an upward impact on food prices? In: Journal für Verbraucherschutz und Lebensmittelsicherheit 4/2009: 75-78. Bundesamt für Verbraucherschutz und Lebensmittelsicherheit. Bonn: Birkhäuser Verlag

REN 21 (Netzwerk für erneuerbare Energien des 21. Jahrhunderts) (2008): Renewables 2007: Global Status Report. http://www.ren21.net/pdf/RE2007_Global_Status_Report.pdf [29.09.2009]

Reusser, Judith (2007): Welches Potential hat Ethanol als Biotreibstoff zur Reduktion der Armut? Untersuchung der sozialen, ökonomischen und ökologischen Auswirkungen der Produktion von Ethanol aus Zuckerrohr mit Fokus Brasilien. Semesterarbeit an der ETH Zürich

RL (Richtlinie) 2003/30/EG (2003): Richtlinie zur Förderung der Verwendung von Biokraftstoffen oder andern erneuerbaren Kraftstoffen im Verkehrssektor. Amtsblatt der Europäischen Union vom 08.05.2003. Brüssel

RL (Richtlinie) 2009/28/EG (2009): Richtlinien zur Förderung der Nutzung von Energie aus erneuerbaren Quellen und zur Änderung und anschließenden Aufhebung der Richtlinien 2001/77/EG und 2003/30/EG. Amtsblatt der Europäischen Union vom 05.06.2009. Brüssel

Röhrkasten, Sybille (2008): Erneuerbare Energien in der globalen Strukturpolitik. Zum Potential einer strategischen Partnerschaft zwischen Deutschland und Brasilien. Magisterarbeit an der Fakultät Sozial- und Verhaltenswissenschaften an der Eberhard-Karls-Universität Tübingen http://tobias-lib.ub.uni-tuebingen.de/volltexte/2009/3739/pdf/Magisterarbeit_Sybille_Roehrkasten.pdf [12.09.2009]

Rösch, Christine; Jörissen, Juliane; Skarka, Johannes; Hartlieb, Nicola (2008): Wege zur Reduzierung von Flächennutzungskonflikten. In: Technikfolgenabschätzung – Theorie und Praxis. Institut für Technikfolgenabschätzung und Systemanalyse (ITAS) (Hrsg.). Nr. 2, 17. Jahrgang – September 2008. 66-71. Karlsruhe

Rutz, Dominik; Janssen, Rainer (2008): Nachhaltigkeit von Biokraftstoffen im internationalen Kontext. WIP Renewable Energies. München. http://www.compete-bioafrica.net/publications/publ/2008_17_OTTI_Sustainability.pdf [28.04.2009]

Sachs, Jeffrey D. (2005): Das Ende der Armut. München: Siedler-Verlag

SCADPlus (2007a): Entscheidung 2002/385/EG. Genehmigung des Protokolls von Kyoto. Zusammenfassung der Gesetzgebung. Website der Europäischen Kommission. Brüssel. http://europa.eu/scadplus/leg/de/lvb/l28060.htm [05.04.2009]

SCADPlus (2007b): Richtlinie 2003/30/EG. Kraftfahrzeuge: Verwendung von Biokraftstoffen. Zusammenfassung der Gesetzgebung. Website der Europäischen Kommission. Brüssel.http://europa.eu/scadplus/leg/de/lvb/l21061.htm [05.04.2009]

SCADPlus (2007c): Fahrplan für erneuerbare Energien. Zusammenfassung der Gesetzgebung. Website der Europäischen Kommission. Brüssel. http://europa.eu/legislation_summaries/energy/renewable_energy/l27065_de.htm [05.04.2009]

SCADPlus (2007d): Aktionsplan für Biomasse. Zusammenfassung der Gesetzgebung. Website der Europäischen Kommission. Brüssel. http://europa.eu/legislation_summaries/environment/tackling_climate_change/l27014_de.htm [05.04.2009]

SCADPlus (2008): Eine EU-Strategie für Biokraftstoffe. Zusammenfassung der Gesetzgebung. Website der Europäischen Kommission. Brüssel. http://europa.eu/scadplus/leg/de/lvb/l28175.htm [05.04.2009]

Schmitz, Norbert (2006): Bioethanol als Kraftstoff – Stand und Perspektiven. Institut für Technikfolgenabschätzung und Systemanalyse (ITAS). Nr. 1, 15. Jahrgang - April 2006: 16-26. Eggenstein-Leopoldshafen. http://www.itas.fzk.de/tatup/061/schm06a.htm [28.04.2009]

Schmitz, Norbert (2008): Entwicklung und Zukunftschancen biogener Kraftstoffe. 22. Hülsenberger Gespräche. Lübeck. http://www.schaumann-stiftung.de/deutsch/download/2_3_schmitz_pp.pdf [29.04.2009]

Schneider, Rafael (2009): Welternährung sichern im Klimawandel. In: Journal für Verbraucherschutz und Lebensmittelsicherheit 4 (2009), S. 39-43. Bundesamt für Verbraucherschutz und Lebensmittelsicherheit. Bonn: Birkhäuser Verlag

Schölzel, Christian (2000): Brasiliens Reaktionen auf die Erdölpreisschocks – ein Sonderweg in die Sackgasse?. Bamberg.

Schönleber, Nicole; Arno Henze; Jürgen Zeddies (2007): Angebotspotenziale der Landwirtschaft in Europa zur Sicherung der Nahrungsmittelproduktion und ihr potenzieller Beitrag zu erneuerbaren Energien. http://oega.boku.ac.at/fileadmin/user_upload/Tagung/2007/07_schoenleber_henze.pdf [26.05.2009, 22.00 Uhr]

Schröder, Alexander (2008): Perspektiven auf die Weltpolitik. Ein Vergleich von ausgewählten Umweltregimen aus verschiedenen theoretischen Blickwinkeln. München: GRIN Verlag

Schütz, Helmut; Bringezu, Stefan (2006): Flächenkonkurrenz bei der weltweiten Bioenergieproduktion. Kurzstudie im Auftrag des Forums Umwelt und Entwicklung. Wuppertal/Bonn

Schug, Walter (2009): Die Entwicklung der Weltbevölkerung und die globale Nahrungsmittelversorgung. In: Journal für Verbraucherschutz und Lebensmittelsicherheit 4/2009: 44-51. Bundesamt für Verbraucherschutz und Lebensmittelsicherheit. Bonn: Birkhäuser Verlag

Schwedisches Parlament (2007): Report pursuant to Directive 2003/30/EC of 8 May 2003 on the promotion of the use of biofuels or other renewable fuels for transport. Fünfter Report des Schwedischen Ministeriums für Industrie, Arbeit und Kommunikation an die Europäische Kommission vom 26.06.2007. Stockholm

SRU (Sachverständigenrat für Umweltfragen) (2007): Klimaschutz durch Biomasse. Sondergutachten vom Juli 2007. http://www.umweltrat.de/cae/servlet/contentblob/467474/publicationFile/34329/2007_SG_Biomasse_Buch.pdf;jsessionid=1CEF2EA956D32DC5BFB7FF5C984C6709 [24.05.2009].

Streck, Ralf (2007): Ein Rezept für ein Desaster. In: Telepolis. Heise Zeitschriften Verlag GmbH & Co. KG. Haar. http://www.heise.de/tp/r4/artikel/26/26297/1.html [02.06.2009]

Thuijl van, E.; Deurwaarder, E. (2006): European biofuel policies in retrospect. ECN-C--06-016. Energy Research Center of the Netherlands. http://www.ecn.nl/docs/library/report/2006/c06016.pdf [29.03.2009]

Timmerbeil, Marina (2008): Internationaler Handel von Biokraftstoffen am Beispiel Südamerikas, EU und den USA. Semesterarbeit im Studiengang Internationale Betriebswirtschaftslehre Schwerpunkt Internationales Marketing an der Fachhochschule Düsseldorf. http://wirtschaft.fh-duesseldorf.de/fileadmin/personen/professoren/real/downloads/referate/ws0708/Timmerbeil-Biokraftstoff2.pdf [21.09.2009]

Weitz, Michael (2007): Biokraftstoffe – Potential, Zukunftsszenarien und Herstellungsverfahren im wirtschaftlichen Vergleich. Hamburg: Diplomica Verlag

Weltbank (2008): Weltentwicklungsbericht 2008. Agrarwirtschaft für Entwicklung. The World Bank. Washington

WGBU (Wissenschaftlicher Beirat der Bundesregierung Globale Umweltveränderungen) (2008): Welt im Wandel: Zukunftsfähige Bioenergie und nachhaltige Landnutzung. http://www.wbgu.de/wbgu_jg2008.pdf [15.05.2009]
2009.pdf [16.09.2009]

Wiggerthale, Marita (2009): Macht Handel Hunger? In: Aus Politik und Zeitgeschichte. 6-7 2009. Herausgegeben von der Bundeszentrale für politische Bildung, S. 15-21. Bonn

WWF (World Wildlife Fund) (2009): Europäische Richtlinie zu Erneuerbaren Energien 2009. Hintergrundinformation vom 25.03.2009. Berlin. http://www.wwf.de/fileadmin/fm-wwf/pdf_neu/HG__Europaeische_Richtlinie_zu_Erneuerbaren-Energien_

AN INTERDISCIPLINARY SERIES
OF THE CENTRE FOR INTERCULTURAL AND EUROPEAN STUDIES

INTERDISZIPLINÄRE SCHRIFTENREIHE
DES CENTRUMS FÜR INTERKULTURELLE UND EUROPÄISCHE STUDIEN

CINTEUS ▪ Fulda University of Applied Sciences ▪ Hochschule Fulda

ISSN 1865-2255

1 *Julia Neumeyer*
Malta and the European Union
A small island state and its way into a powerful community
ISBN 978-3-89821-814-6

2 *Beste İşleyen*
The European Union in the Middle East Peace Process
A Civilian Power?
ISBN 978-3-89821-896-2

3 *Pia Tamke*
Die Europäisierung des deutschen Apothekenrechts
Europarechtliche Notwendigkeit und nationalrechtliche Vertretbarkeit einer Liberalisierung
ISBN 978-3-89821-964-8

4 *Stamatia Devetzi und Hans-Wolfgang Platzer (Hrsg.)*
Offene Methode der Koordinierung und Europäisches Sozialmodell
Interdisziplinäre Perspektiven
ISBN 978-3-89821-994-5

5 *Andrea Rudolf*
Biokraftstoffpolitik und Ernährungssicherheit
Die Auswirkungen der EU-Politik auf die Nahrungsmittelproduktion am Beispiel Brasilien
ISBN 978-3-8382-0099-6

6 *Gudrun Hentges / Justyna Staszczak*
Geduldet, nicht erwünscht
Auswirkungen der Bleiberechtsregelung auf die Lebenssituation geduldeter Flüchtlinge in Deutschland
ISBN 978-3-8382-0080-4

Series Subscription

Please enter my subscription to the *Interdisciplinary Series of the Centre for Intercultural and European Studies*, ISSN 1865-2255, edited by Gudrun Hentges, Volker Hinnenkamp, Anne Honer, Hans-Wolfgang Platzer, as follows:

❒ complete series

starting with

❒ volume # 1

❒ volume # ___

  ❒ please also include the following volumes: #___, ___, ___, ___, ___, ___,

❒ the next volume being published

  ❒ please also include the following volumes: #___, ___, ___, ___, ___, ___,

❒ 1 copy per volume   OR   ❒ ___ copies per volume

Subscription within Germany:

You will receive every volume at 1st publication at the regular bookseller's price – incl. s & h and VAT.

Payment:

❒ Please bill me for every volume.

❒ Lastschriftverfahren: Ich/wir ermächtige(n) Sie hiermit widerruflich, den Rechnungsbetrag je Band von meinem/unserem folgendem Konto einzuziehen.

Kontoinhaber: ______________________ Kreditinstitut: ______________________

Kontonummer: ______________________ Bankleitzahl: ______________________

International Subscription:

Payment (incl. s & h and VAT) in advance for

❒ 10 volumes/copies (€ 319.80)   ❒ 20 volumes/copies (€ 599.80)

❒ 40 volumes/copies (€ 1,099.80)

Please send my books to:

NAME ______________________ DEPARTMENT ______________________

ADDRESS ____

POST/ZIP CODE ______________________ COUNTRY ______________________

TELEPHONE ______________________ EMAIL ______________________

date/signature ____

Please fax to: **0511 / 262 2201 (+49 511 262 2201)**
or mail to: *ibidem*-Verlag, Julius-Leber-Weg 11, D-30457 Hannover, Germany
or send an e-mail: ibidem@ibidem-verlag.de

***ibidem*-Verlag**

Melchiorstr. 15

D-70439 Stuttgart

info@ibidem-verlag.de

www.ibidem-verlag.de
www.ibidem.eu
www.edition-noema.de
www.autorenbetreuung.de

Zeitfracht Medien GmbH
Ferdinand-Jühlke-Straße 7
99095 Erfurt, Deutschland
produktsicherheit@kolibri360.de